Makramee – mein Hobby

freizeit
ht

So begann die Auseinandersetzung des Autors mit dem Thema Makramee…

Makramee – mein Hobby

Von Peter Friedel

Humboldt-Taschenbuchverlag

humboldt-taschenbuch 517

Umschlaggestaltung: Christa Manner, München

Umschlagfotos: Die Kreisabbildung stellte der Christophorus-Verlag, Freiburg, zur Verfügung, die kleine Farbabbildung im Quadrat stammt vom Autor.

Frontispiz: Ulrich Lassek, Monheim

Innenabbildungen, farbig und schwarzweiß: studio arbogast, Ottersheim

Das Weihnachtsbäumchen in Farbtafel 8 (gegenüber Seite 97) fertigte Lore Braun, Mülheim, alle fertigen Makramee-Arbeiten Christiane Haidlinger, München.

Wir danken Frau Haidinger und Herrn Mandetzky für ihre Mithilfe und Unterstützung.

Auch der Firma Adolf Thiemann, Rheine, danken wir für freundliche Unterstützung.

Hinweis für den Leser:

Alle Angaben in diesem Buch – ohne Gewähr – entsprechen dem Stand von 1985.

Nicht alle Abbildungs-Nummern werden im Text gesondert angesprochen. Abbildungen, auf die nicht eigens verwiesen wird, illustrieren das Kapitel, in dessen Zusammenhang sie stehen.

Druck: Presse-Druck Augsburg
Printed in Germany
ISBN 3-581-66517-4

1 2 3 * 87 86 85

Inhalt

Makramee, die Kunst zu knoten

Makramee ist keine Kunst, aber man kann eine daraus machen. Die Grundknoten zu erlernen, ist keine Schwierigkeit; und auch kompliziertere Zierknoten versteht man irgendwann zu knüpfen. Mit den Anleitungen in diesem Buch wollen wir zeigen, wie man das Handwerk selbst erlernt. Was man daraus macht, ergibt sich aus dem Interesse, das man entwickelt. Man kann einfach bei praktischen Sachen bleiben und sich Netze, Blumenampeln, Fußabstreifer (auch sie kann man knüpfen!), Gürtel, Vorhänge (ein neu entdecktes, sehr interessantes Gebiet!) knüpfen. Oder man wendet sich der »Kunst im Raum« zu und knüpft, was im weitesten Sinne als »textiles Objekt« bezeichnet wird. Dazu braucht es mehr als das Beherrschen von Knoten, nämlich Form- und Farbensinn und Sinn für Proportionen. Eine Makrameearbeit kann man praktisch überall anfertigen: zu Hause, während man Radio hört oder auch beim Fernsehen, sofern man geübt genug ist. Oder unterwegs in Bus und Bahn; denn man braucht ja kein großartiges Zubehör, lediglich das Garn und eine kleine Vorrichtung, an der man die Arbeit befestigt.

Das Knüpfen von Knoten ist ursprünglich eine arabische Technik. Auch die Bezeichnung »Makramee« leitet sich aus dem Arabischen ab: »miqram« ist der Ausdruck für »bestickter Schleier«. Das bedeutet, daß die Fransenknüpferei die größte Verbreitung hatte. Sehr beliebt waren schräge Rippenknotenreihen (siehe Abb. 2). Selten überknüpfte man ganze Flächen (wie in unserer Abb. 1). Es wurden auch kaum Fäden miteinander verknüpft, sondern es wurde mit Einlege(= Leit)- und Knüpffäden gearbeitet. Der Knüpffaden wurde über den Einlegefaden geknüpft.

Über die weitere Entwicklung der Technik des Makramee ist wenig bekannt. Englische und amerikanische Matrosen knüpften auf ihren langen Fahrten Garne und stellten praktische Gegenstände her.

Dann wurde es recht still um die Kunst des Makramee. Erst nach der Jahrhundertwende, in der Zeit des Jugendstils, begann man wieder mit dem Knüpfen. Vor allen Dingen praktische Gegenstände und Gebrauchsartikel wie Vorhänge, Taschen und ähnliches wurden jetzt bevorzugt geknüpft. Die Vorliebe für diese Dinge ist geblieben; denn man kann dabei das Schöne mit dem Nützlichen verbinden. Wir wollen in diesem Buch beschreiben und zeigen, wie man das macht.

Formen und Spielarten von Makramee

Was wollen wir nun mit diesem Büchlein über Makramee alles? Wir wollen im Bild Möglichkeiten der Gestaltung durch Makramee zeigen; und wir wollen in genauen, detaillierten Arbeitsabläufen in Bild und Text veranschaulichen, wie man die Einzelteile zu einer Makrameearbeit fertigen kann. Schritt für Schritt nachvollziehbar, werden in einem »Knotenbilderbuch« bekannte und vielleicht auch weniger bekannte Knoten dargestellt. Denn das schien uns das A und O eines Buches über Makramee: Man muß über eine Vielzahl von Einzelknoten verfügen können, aus denen sich einfallsreiche und originelle Makrameearbeiten herstellen lassen. Es lag uns nicht so sehr daran, detaillierte Angaben zur Entstehung dieses oder jenes bestimmten Werkstückes zu machen, um genau diese Arbeit nachvollziehbar zu machen und ihr getreues Abbild zu ermöglichen. Vielmehr wollten wir dazu anregen und begeistern, sich mit Hilfe eines großen »Knotenwortschatzes« der Sprache des Makramee zu bedienen, ohne sich an vorgegebene Formeln zu halten.

Wir haben auf dieser und den folgenden Seiten sehr unterschiedliche, dennoch in ihrer Eigenart uns typisch erscheinende Arbeiten zusammengestellt. Die erste Abbildung (Abb. 1) zeigt ein flächendeckendes Makramee, das man als ausgesprochen europäisch bezeichnen kann; denn in der (arabischen) Anfangszeit des Makramee dachte man nicht daran, ganze Flächen geschlossen zu beknüpfen; man arbeitete lockere Fransen- und Schleiergebilde. Das heißt, es ging um die filigrane Wirkung von Knüpfflächen.

Dem entspricht eher unsere Abbildung 2, die ein Detail aus einem kleinen Vorhang zeigt, der hauptsächlich mit Hilfe von Rippenknotenreihen (siehe S. 56ff.) gestaltet wurde. Das Knüpfmaterial, eine feine, gedrehte Baumwolle, erhöht die transparente Wirkung der Knüpferei noch.

Hat das Beispiel Nr. 2 einen mehr praktischen Charakter und Wert, so zeigt das Beispiel in Abb. 3 die ästhetisch-dekorative Seite von Makramee: eine aparte Art von Mobile, das in der Hauptsache aus Wellenbändern (siehe S. 27ff.) besteht, die aus Flachknoten geknüpft werden.

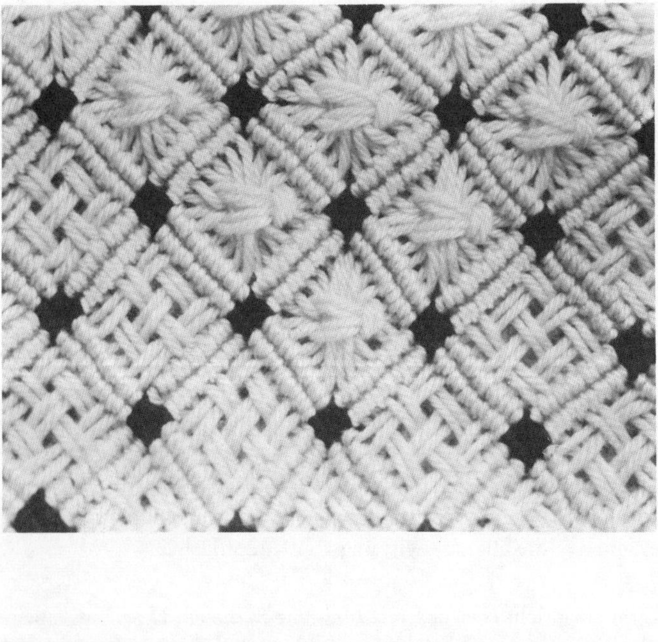

Abb. 1: Detail aus einer Tasche. Rauten aus Rippenknotenreihen, in der Mitte geflochten oder mit einem Flachknoten zusammengefaßt

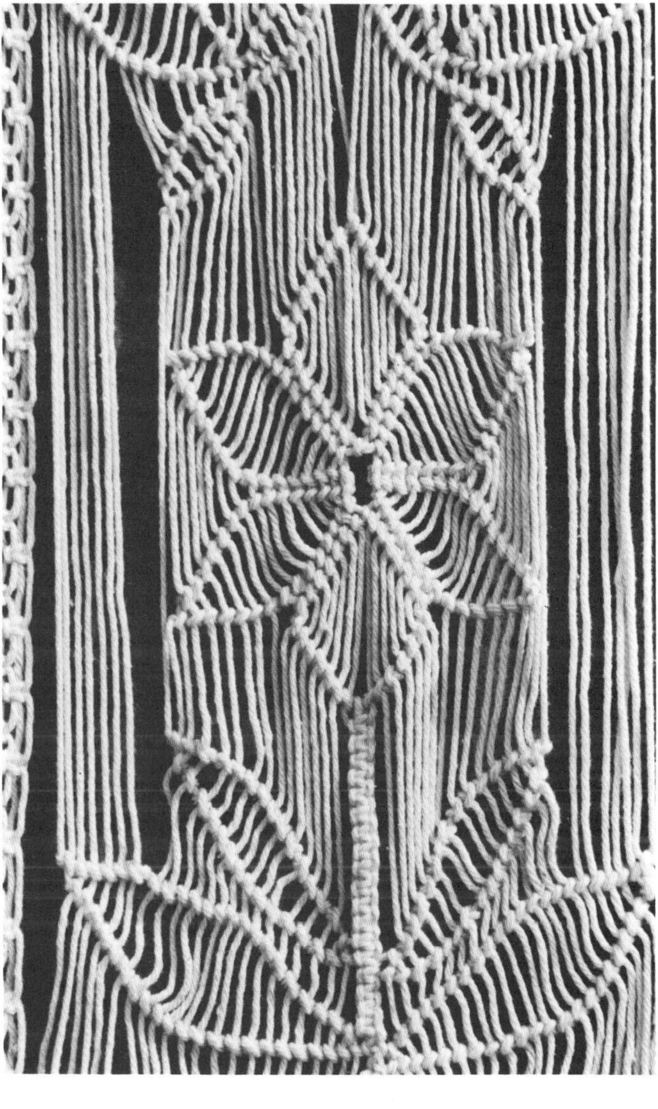

Abb. 2: Detail aus Vorhang von Abb. 90. Reihen aus halben Rippenknoten; der Blumenstiel besteht aus einem Flachknotenband

Das Arbeitsmaterial

Die Garne

Spezielle Makrameegarne gibt es mittlerweile in reicher Auswahl, sowohl was die Garnarten als auch was die Farben anbelangt (siehe Bezugsquellen und Hersteller S. 123). Klassische Materialien sind nach wie vor Hanf, Jute oder Baumwolle. Runde, feste Garne lassen sich – wenn sie nicht allzu fein sind – sehr gut verarbeiten; die Knoten kommen deutlich zur Geltung und haben einen guten Sitz. Anfänger arbeiten mit solchen Garnen zunächst am leichtesten, während synthetische Garne (wie zum Beispiel Nylon) zu glatt sind und zum Verrutschen neigen. Sie ergeben allerdings durch ihre glänzende Oberfläche wieder eine besondere Wirkung.
Zum ersten Ausprobieren kann man ruhig eine einfache Paketschnur nehmen, vielleicht eine gezwirnte Hanfschnur, die man in einer Seilerei oder in einem Geschäft für Segelbedarf kaufen kann. Will man auch für den Anfang gleich etwas »Richtiges« haben, so kauft man eine schöne, gedrehte Baumwollkordel (siehe Abb. 4, rechts, und Abb. 6, Mitte) mit einem Querschnitt von 3–4 mm, mit der sich sehr gut arbeiten läßt.
Ansonsten sind die gebräuchlichsten Garne Jute, Sisal, Hanf, auch Leinen. Mittlerweile gibt es Garne aus synthetischen Fasern, zum Beispiel Acrylgarne, in verschiedenen Stärken. Acrylgarn (siehe Abb. 4, Mitte) sieht Baumwollgarn ähnlich und läßt sich recht gut zum Knüpfen verwenden. Perlon- und Nylongarne sind demgegenüber – wie bereits erwähnt – zu glatt, um sich gerade für Anfänger in der Kunst des Makramee gut zu eignen.
Gehen wir nun die Eigenschaften und Eigenarten der genannten Garne durch:

Jute (siehe Abb. 4, links)
ist ein sehr strapazierfähiges Garn, preiswert. Es läßt sich gut

Abb. 3: Das Mobile besteht aus Wellen- und Flachknotenbändern. Die Enden sind durch Wicklungen mit einem Faden zusammengefaßt

verarbeiten. Die Querschnitte, in denen Jute verkauft wird, reichen von 3,5–8 mm. Jute eignet sich besonders gut zum Knüpfen von Blumenampeln, für größere Objekte und Wandbehänge.
»Yuta« ist übrigens ein Begriff aus dem Sanskrit, der »Faser« bedeutet.

Zelljute (siehe Abb. 5, links)
ist ein weiches Material mit leichtem Glanz, in Querschnitten von 3,5–5 mm erhältlich. Zelljute empfiehlt sich für Wandbehänge.

Sisal (siehe Abb. 5, rechts)
bildet eine sehr rauhe Schnur, nicht sehr angenehm zu verarbeiten. Sisal gibt es in Querschnitten von 2,5–6 mm. Es wird vorwiegend zur Herstellung von Teppichen industriell verwendet. Sisal kommt in Frage für das Knüpfen von Netzen und Taschen, auch für Blumenampeln oder größere Objekte.

Baumwolle (siehe Abb. 4, rechts)
stellt die bedeutendste Textilfaser und das bekannteste Knüpfmaterial dar. Baumwolle gibt es in Querschnitten von 1–3 mm; sie läßt sich hervorragend für Makrameearbeiten verwenden. Sie ist sehr angenehm zu verarbeiten, weil sie so weich ist. Mit Baumwollgarnen kann man eigentlich alles knüpfen, vom feinsten Armband bis zum Wandbehang oder Vorhang. Es gibt Garne, die relativ locker gedreht sind und sich deshalb während des Arbeitens leicht an den Enden auflösen. Solche Garne sollte man gleich zu Arbeitsbeginn mit einem End- oder Schlußknoten versehen (siehe S. 119).

Hanf
ist, wie Leinen, eine sehr widerstandsfähige Bastfaser, aus der man Segeltücher, Gurte, Grundgewebe für Teppiche und Netze herstellt. Beim Knüpfen wird Hanf für Blumenampeln, Netze oder Wandbehänge verwendet. Gebräuchliche Querschnitte sind 1,5–2,5 mm.

Leinen
oder Flachs wird für feine Makrameearbeiten benutzt. Die Querschnitte von nur 0,5–1,5 mm zeigen schon an, daß man damit zum Beispiel feinste Arm- oder Halsbänder fertigen kann.

Acryl (siehe Abb. 4, Mitte)
ist eine synthetische Faser; Garnquerschnitte von 2,5–6 mm. Es gibt sehr unterschiedliche Qualitäten, die sich mehr oder weniger

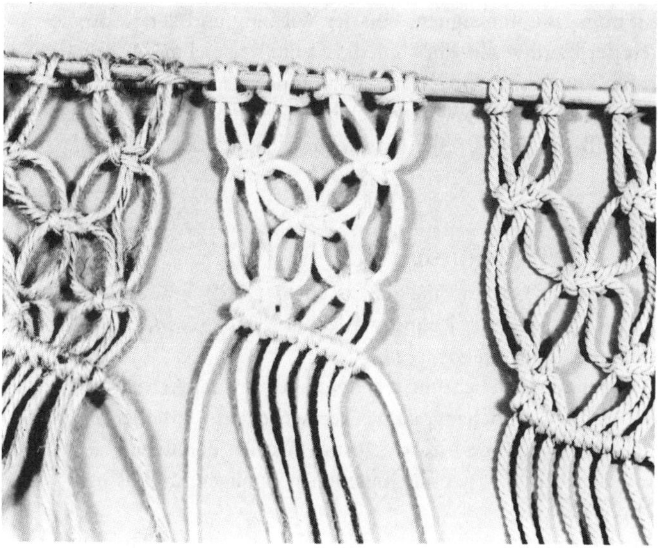

Abb. 4: Verschiedene Garnproben. Von links: Jute, Acryl, Baumwolle

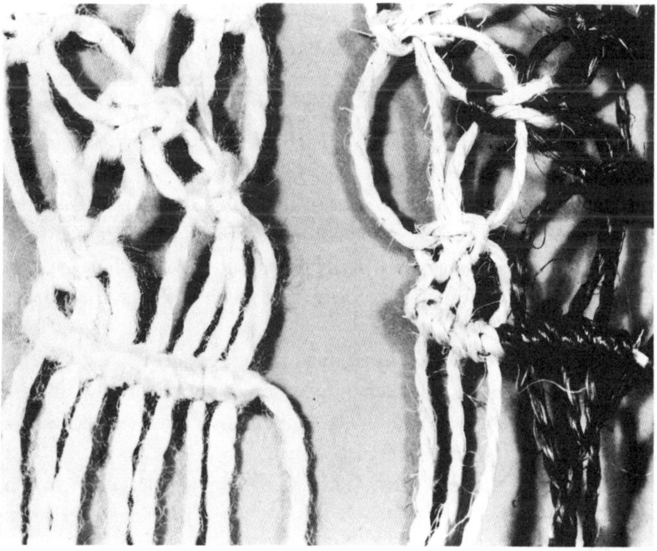

Abb. 5: Verschiedene Garnproben. Von links: Zelljute, Sisal in zwei Farben

gut zum Knüpfen eignen. Von der Wirkung und der Knotenfestigkeit der Baumwolle sehr ähnlich ist zum Beispiel das Acrylgarn Nr. 50/90 von Thiemann (siehe Bezugsquellennachweis S. 123). Mit Acrylgarn kann man die gleichen Gegenstände knüpfen wie mit einem Baumwollgarn der entsprechenden Stärke.

Sonstige Hilfsmittel

Außer dem Garn (ohne das es nicht geht!) brauchen wir eine *Unterlage,* auf der geknüpft wird, verschiedene *Nadeln,* eine *Schere* und eine *Aufhängevorrichtung.*

Die Aufhängevorrichtung hängt von der Art der Arbeit ab. Machen wir einen Wandbehang, so werden wir einen passenden Holzstab, vielleicht auch eine bizarr geformte Wurzel benutzen. Für Gürtel und Taschen gibt es alle möglichen Spangen und Ringe (siehe Abb. 6).

Wir können eine Arbeit natürlich auch einfach feststecken; und dazu benötigen wir eine Knüpfunterlage. Das kann ein dickes Stück Schaumgummi, ein Korkpinbrett oder ein Brett aus Weichholz sein. Den Schaumgummi sollten wir möglichst fest und stabil wählen. Für die ersten Arbeiten genügt ein kleines Brett (oder Schaumgummistück), vielleicht mit den Maßen 20 x 40 cm. Wer öfters Makrameearbeiten anfertigt, wird sich irgendwann ein Brett mit entsprechend großen Maßen anschaffen.

Wollen wir die Arbeit nur anstecken, benutzen wir *Stecknadeln mit Kugelköpfchen* (siehe Abb. 7).

Hängen wir die Arbeit auf, befestigen wir die Holzstange (oder die Stricknadel, den Rührstab aus Glas) mit *U-förmigen* Nadeln auf der Unterlage (siehe Abb. 7). Solche Nadeln gibt es zu kaufen; sie sind aber leicht selbst herzustellen, indem wir einfach dünnen Eisendraht zurechtbiegen.

Im Mittelfeld der Abb. 7 liegen zwei besonders große *Nähnadeln,* die wir benutzen, um die dicken Schnüre zu vernähen oder auf die Rückseite zu ziehen. Solche Nadeln gibt es als »Schusterwerkzeug« mittlerweile in jedem größeren Kaufhaus.

Eine *Häkelnadel* (siehe Abb. 7) können wir gut gebrauchen, wenn wir Fäden verflechten wollen (siehe S. 114). Eine Schere versteht sich von selbst.

Der *Klebstoff* (siehe Abb. 7) hilft, wenn Knoten zu rutschen drohen

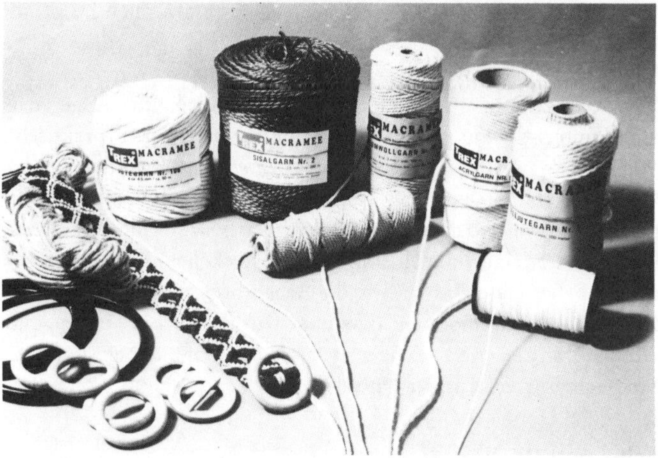

Abb. 6: Verschiedene Makrameegarne. Von links: Jute natur, Jute wollweiß, Sisal, Baumwolle, Acryl, Zelljute, dünne Baumwollkordel. Mitte: Baumwollgarn mit 3 mm Durchmesser. Ganz links: Holzringe für Taschen, kleine Holzringe zum Befestigen eines Wandbehanges, hölzerne Gürtelschnallen

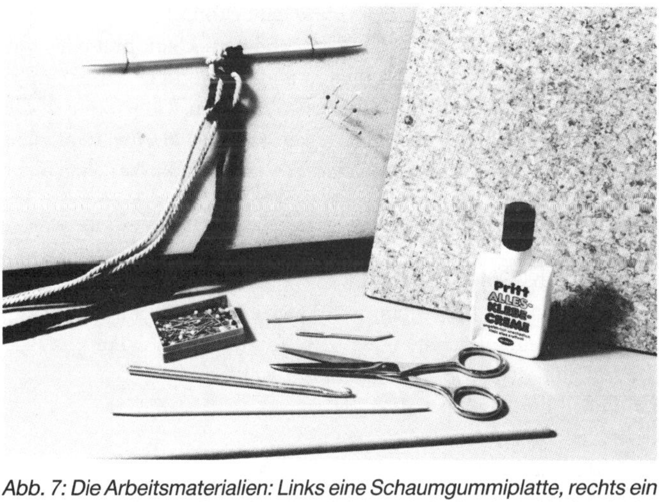

Abb. 7: Die Arbeitsmaterialien: Links eine Schaumgummiplatte, rechts ein Korkpinbrett. An der Schaumgummiplatte mit U-förmigen Nadeln befestigte Stricknadel als Einhängevorrichtung. Vorne: Stecknadeln, 2 große Nadeln, Schere, Häkelnadel, 2 Stäbe, Klebstoff

oder wenn ein neu eingeführter Faden einer zusätzlichen Fixierung bedarf.
Manchmal müssen wir genau nach Maß knüpfen. Wenn einzelne Motivteile zu weit auseinanderliegen, genügt auch gutes Augenmaß nicht immer. Dann benutzen wir die einfache, aber praktische Vorrichtung in Abb. 8. Die beiden *Zentimetermaße* werden auf der Unterlage mit Stecknadeln festgesteckt. Und schon wissen wir genau, wie weit wir knüpfen dürfen. Das waagrecht verlaufende Maßband können wir auch umgekehrt anstecken und es nach rechts genauso weit laufen lassen, wie die Arbeit breit werden soll.
Ist die Vorlage kompliziert (wie zum Beispiel unsere Vorhänge in Abb. 90), so zeichnen wir sie maßstabgerecht auf und befestigen die Vorzeichnung auf unserer Unterlage.

Die richtige Schnurlänge

Grundsätzlich sollten wir bei größeren Arbeiten – und wenn wir das Einlegen von neuen Fäden vermeiden wollen – eine Knüpfprobe machen und danach den Verbrauch berechnen. Kommt es nicht so auf bestimmte Ausmaße an und hat die Arbeit keinen großen Umfang, so legen wir die Faustregel *»jede Schnur soll viermal so lang sein wie das fertige Stück«* zugrunde. Allerdings ist die Faustregel sofort außer Kraft gesetzt, wenn wir dicht beknüpfte Flächen haben, vielleicht auch noch mit vielen Rippenknoten. Dann brauchen wir bis zu *achtmal* so lange Schnüre, wie die fertige Arbeit mißt. Außerdem müssen wir miteinbeziehen, daß bei Rippenknoten die *Knüpffäden* sehr viel mehr Garn verbrauchen als die Leitfäden. Leitfäden können also von vornherein wesentlich kürzer eingeplant werden.

Zwei praktische Beispiele

Als »erste Hilfe« für Anfänger sei hier ein Durchschnittsmaß für Blumenampeln verraten, unter der Voraussetzung, daß einfache Wellenbänder (siehe S. 27ff.) geknüpft werden:
Leitfaden, dünnes Garn: 4 × 2,50 m
Leitfaden, dickes Garn: 4 × 3–4 m
Knüpffaden, dünnes Garn: 4 × 7 m
Knüpffaden, dickes Garn: 4 × 8–9 m
Schlaufe zum Aufhängen, dünnes Garn: 1 × 2 m
Schlaufe zum Aufhängen, dickes Garn: 1 × 3,50 m.

Knüpfen wir die Ampel in einem aufwendigeren Muster, so schneiden wir alle Fäden 8 m lang zu und tauschen sie zwischendrin aus. **Kleine Anmerkung:** Die Fadenlänge gilt für *eine Schnurhälfte*. Wir haben ja immer Doppelschnüre!

Abb. 8: Auf Schaumstoff befestigte Maßbänder samt Einhängevorrichtung

Noch ein praktisches Beispiel soll hier folgen, um »Appetit« auf Makramee zu machen. Wir haben es in der Farbtafel gegenüber S. 97 abgebildet; es ist ein geknüpftes Weihnachtsbäumchen.

Wir benutzen Garn mit einem Querschnitt von 3,5 mm und schneiden uns folgende Fadenlängen zu, die wir in dieser Reihenfolge verwenden:
6 Fäden à 1,50 m
je 2 Fäden à 1,40 m, 1,30 m, 1,20 m, 1,10 m, 1,00 m, 1,70 m.
Wir beginnen an der Spitze des Bäumchens zu knüpfen und verknüpfen 2 Fäden in der Mitte. Jetzt knüpfen wir über die 2 mittleren Fäden 4 halbe Flachknoten (siehe S. 27), teilen die Fäden und knüpfen die nächsten Fäden außen an. Wenn die Arbeit umfangreicher wird, knüpfen wir zuerst mit 6 halben Flachknoten die versetzten Innenknoten. Dann erst knüpfen wir die Außenfäden ein (mit 5 halben Flachknoten).
Mit dem letzten Faden von 1,70 m nehmen wir alle herabhängenden Fäden auf und verknüpfen sie mit querlaufenden Flachknoten. In der Mitte nehmen wir alle Fäden zusammen und umwickeln sie, so daß die Wirkung eines Baumstammes entsteht.
Probieren Sie, dieses kleine Bäumchen nachzuknüpfen, sobald Sie den *Flachknoten* beherrschen. Es wird Ihnen sicher gelingen!

Die Grundknoten und wie man sie knüpft

Die Einhängung

Wir beginnen nun ganz praktisch, denken nicht daran, gleich eine ganze Arbeit fertigzuknüpfen, sondern üben erst einmal alle Grundknoten, die es so gibt. Wenn wir die »wie im Schlaf« können, dann ist es nicht schwer, allerlei Makrameearbeiten, auch nach eigenen Entwürfen, herzustellen.

Da Makrameearbeiten immer »über einen Leisten geschlagen« werden, gilt es, die verschiedenen Arten von Einhängungen kennenzulernen. Die beiden einfachen Arten stellen wir zu Beginn vor

Die einfache Einhängung

Wir legen die Schlaufe hinter die Knüpfleiste und ziehen die beiden Schnurenden nach vorn durch. Der Knoten, die Schlaufe, in die eingehängt wird, sitzt vorn (Abb. 9).

Abb. 9: Einfache Einhängung

Bei der *Variation* dieser Einhängung wird die Schlaufe über die Leiste gelegt, die beiden Schnurenden werden darübergezogen. Der Knoten, die Schlaufe, sitzt unter den Fäden (Abb. 10).

Die doppelte Einhängung

Die doppelte Einhängung mit den Fäden in der Mitte

Auch diese Art einzuhängen, kann variiert werden. Wir legen die Schlaufe hinter die Leiste und schlingen den rechten Faden einmal herum (Abb. 11). Dann führen wir ihn in der Mitte über die Leiste unter der Schlaufe durch (Abb. 12). Ebenso verfahren wir mit dem linken Faden (Abb. 13, 14). Ziehen wir die Fäden straff, so sitzen sie in der Mitte des Knotens (Abb. 15).

Die doppelte Einhängung mit den Fäden rechts und links von der Mitte

Wir hängen die Doppelschnüre ein, wie üblich, und schlingen den rechten Faden über die Leiste. Dann ziehen wir ihn zwischen Leiste und Schlaufe durch (Abb. 16). Dies wird wiederholt, der Faden aber zuerst unter der Leiste durchgeführt, dann darüber und zwischen Leiste und Schlaufe durch. Ziehen wir die Fäden straff, so sitzen sie beide außen, und es ergibt sich eine zusätzliche Schlaufe in der Mitte (Abb. 17).

Abb. 10: Variation der einfachen Einhängung

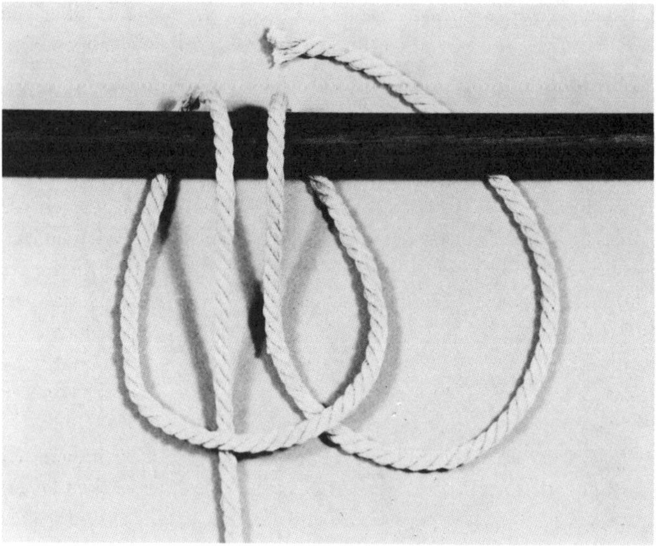

Abb. 11

Abb. 12

Abb. 13

Abb. 14

Abb. 15

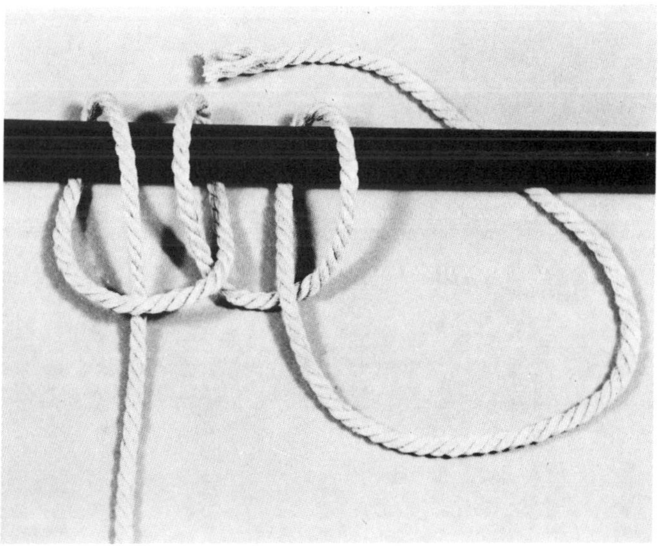

Abb. 16

Abb. 17

Abb. 18

Die dreifache Einhängung

Die Dreifacheinhängung ist besonders aufwendig, sieht sehr hübsch aus und ist sinnvoll, wenn die beiden Fäden möglichst weit auseinanderstehen sollen.

Wir hängen die Fäden ein, wie üblich. Dann wird der rechte Faden unter die Leiste geführt und kommt zwischen Leiste und Schlinge heraus (Abb. 18). Dasselbe wird noch einmal wiederholt und ebenso der linke Faden einmal geschlungen (Abb. 19). Mit locker gelassenen Fäden sieht die Einhängung so aus wie in Abb. 20 und mit fest angezogenen Fäden so wie in Abb. 21.

Die Knoten

Der Flachknoten

Bevor wir zu den Knoten selbst kommen, eine kleine Anmerkung vorweg: Die Knotensprache ist zwar vom Ergebnis her eindeutig, doch werden für ein und denselben Knoten *unterschiedliche Bezeichnungen* verwendet. Wir versuchen zwar, jeweils alle möglichen Namen zu nennen, aber es kann trotzdem passieren, daß der eine oder andere fehlt. Knüpferin oder Knüpfer sehen in jedem Fall an den Abläufen genau, was gemeint ist.

Den Flachknoten finden wir zum Beispiel noch unter der Bezeichnung *Weberknoten* oder *Doppelknoten. Flachknoten* ist aber ein sehr treffender Name, denn mit diesem Knoten knüpfen wir flache Bänder.

Dieser Knoten findet fast überall seine Nutzung: für Gürtel (besonders oft, siehe Abb. 48 und 49), bei Armbändern, als Aufhängeband für Blumenampeln (Abb. 31). Auch bei Wandbehängen ergeben Bänder eine hübsche Abwechslung.

Das Band kann in zweierlei Formen geknüpft werden: als *Welle,* nach links oder rechts drehend, oder als *glattes,* flaches Band. Wir zeigen zunächst, wie man eine »Welle« knüpft.

Das Wellenband

Wir hängen für den Flachknoten zwei Schnüre ein (Abb. 22). Die beiden mittleren Fäden laufen nebeneinander; sie sind die »Leitfäden«. Die beiden äußeren Fäden werden zum Knüpfen benutzt, sie dienen als »Knüpffäden«.

Abb. 19

Abb. 20

Abb. 21

Abb. 22

Abb. 23

Wir legen den rechten Faden über die beiden Leitfäden (Abb. 23). Das Ende bilden wir zu einer Schlaufe, legen den linken Faden darüber, führen ihn unter den Leitfäden durch und über die Schlaufe hinweg (Abb. 24). Die beiden Enden ziehen wir etwas an (Abb. 25). Dann ziehen wir langsam und gleichmäßig fester. Dieser Vorgang ist sehr wichtig; wir werden das noch bei komplizierteren Knoten sehen. Je *gleichmäßiger* wir die Knoten festziehen, desto besser »sitzen« sie und desto schöner und regelmäßiger sehen sie aus. Die erste Knotenhälfte des Flachknotens ist fertig, wenn alle Fäden fest angezogen sind (Abb. 26).

Da wir ein Wellenband knüpfen wollen, und zwar eines, das sich nach links dreht, knüpfen wir einfach so weiter, wie wir begonnen haben (Abb. 27 und 28). Was heißt das nun? Ganz einfach: Wir erhalten ein *linksdrehendes* Wellenband, wenn der *linke* Knüpffaden *hinten* um die Leitfäden herumgeschlungen wird (der rechte Knüpffaden läuft in diesem Fall über die Leitfäden). Läuft der *rechte* Knüpffaden *hinter* den Leitfäden und der linke darüber, dann dreht sich die Welle nach *rechts*.

In Abb. 29 zeichnet sich der Verlauf der linksdrehenden Welle schon deutlich ab. Und noch eins ist hier gut zu sehen: Beim Einhängen

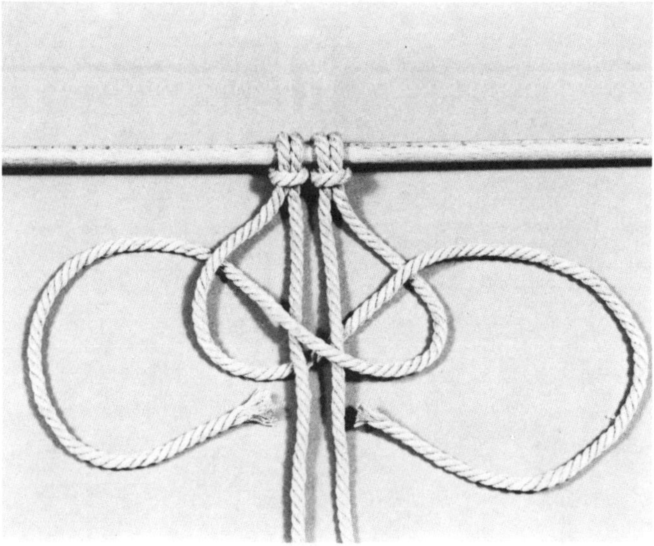

Abb. 24

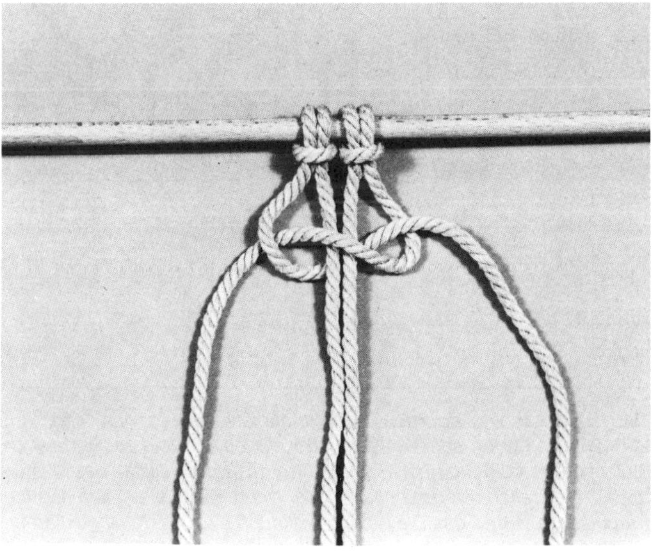

Abb. 25

Abb. 26

Abb. 27

Der Lampenschirm erfordert einen Materialverbrauch von insgesamt 200–250 m. Davon entfallen auf das Knüpfen der Rippen (jeweils) ca. 3,60 m und auf die einzelnen Felder 3,60–5 m (je nach Dichte des Musters und ob die Fransen eingeplant sind oder nicht). Die Maße gelten bei einer Rippenlänge von 40 cm. Die Rippen umknüpft man mit Schlingenknoten, durch die man dann die Fäden der Schirmfelder mit den Rippenumknüpfungen verbinden kann. Es wird Feld für Feld geknüpft

Abb. 28

Abb. 29

Auf diese Weise kann man etwas Hübsches aus Garnresten machen. Die Gliedmaßen der Puppen sind geflochten wie Zöpfe.

Drähte werden umwunden, zum Teil mit Schlingenknoten umknüpft – auch das ist Makramee

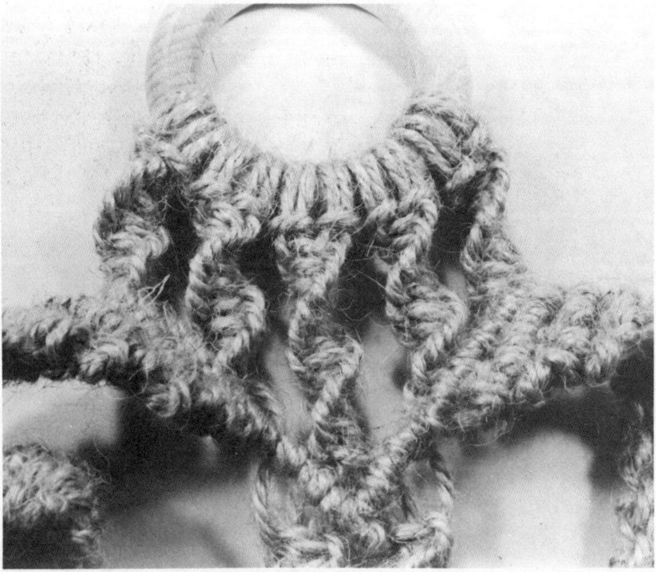

Abb. 30: Wandbehang aus Jute natur, eingehängt in einen Holzring, mit Wellenbändern als Beginn

waren die Schnüre gleich lang. Jetzt sind die Knüpfschnüre fast aufgebraucht; die Leitfäden sind noch doppelt so lang. Also muß man beim Berechnen der Fäden miteinbeziehen, daß Knüpffäden *doppelt so lang* bemessen sein sollten wie Leitfäden.

Das Flachknotenband

Die Abb. 32 zeigt einen Flachknoten, wie er sein soll: dicht geknüpft und gerade verlaufend. Um dieses Ergebnis zu erzielen, müssen alle Fäden unbedingt gleichmäßig festgezogen werden. Also beim Knüpfen immer gut darauf achten!
Wir hängen zwei Fäden ein und üben den gesamten Flachknoten. Zunächst legen wir die beiden Knüpffäden wie beim Beginn des Wellenknotens (Abb. 33). Beim zweiten Teil des Flachknotens verläuft der linke Knüpffaden über den Leitfäden unter dem rechten Knüpffaden (Abb. 34). Den rechten Faden legen wir unter den Leitfäden und der Schlinge des linken Knüpffadens durch (Abb. 35). Ziehen wir alle Fäden leicht an, muß sich ein ebenmäßiges Knoten-

Abb. 31: Blumenampel aus Baumwollgarn mit Wellenbandaufhängung

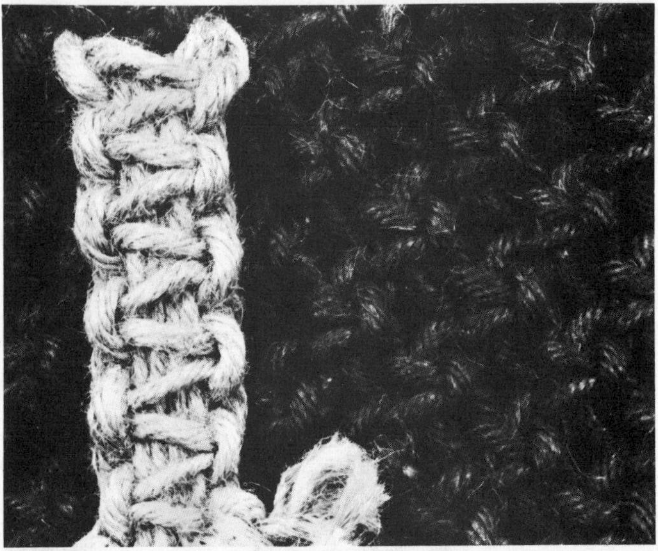

Abb. 32: Flachknotenband auf versetztem Flachknotengrund (Detail aus dem »Teddybär« auf der Farbtafel gegenüber Seite 97)

Abb. 33

Abb. 34

Abb. 35

bild ergeben (Abb. 36). Ziehen wir fest zu, ist der erste ganze Flachknoten fertig (Abb. 37).

Damit aus dem Flachknoten ein Band werden kann, reihen wir an den ersten Knoten weitere Flachknoten. Bei der ersten Hälfte des zweiten Knotens läuft die linke Knüpfschnur über die Leitfäden, die rechte unter ihnen (Abb. 39). Bei der zweiten Hälfte des zweiten Knotens ist es umgekehrt. Geordnet gelegt und leicht angezogen, sieht das Gebilde so aus wie in Abb. 40 festgehalten.

Das Band bildet sich mit dem zweiten Knoten (Abb. 41). Einige Knoten weiter und wir haben schon ein richtiges Band geknüpft (Abb. 42).

Auf eine ganz simple Art und Weise können wir überprüfen, ob ein Flachknotenband richtig geknüpft ist. Dazu nehmen wir die Leitfäden straff in die Hand und versuchen, die Knoten nach oben und wieder nach unten zu schieben. Wenn das ganz leicht geht, sind die Knoten einwandfrei geknüpft.

Noch ein Tip: Will man ein Flachknotenband wieder auflösen, braucht man nur die Leitfäden herauszuziehen und dann die Knüpffäden aufzumachen.

Abb. 36

Abb. 37

Abb. 38: Detail aus einem Gürtel: Oben und unten 2 Flachknotenbänder, in der Mitte 2 Wellenbänder; alle Bänder eingefaßt von je einer Rippenknotenreihe

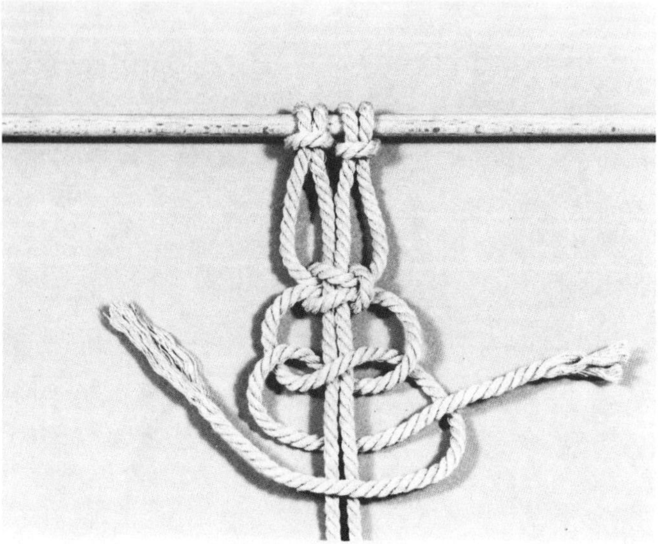

Abb. 39

Abb. 40

Abb. 41

Abb. 42

Abb. 43: Detail aus einer Tasche: Dreifache Rippenknotenreihen im »Diamantmuster«

Das Überkreuzen von Flachknotenbändern

Flachknotenbänder lassen sich vielfältig einsetzen und variieren. Damit unsere Knüpfarbeit nicht nur farblose Übung bleibt, führen wir jetzt eine Anwendungsmöglichkeit vor und zeigen, wie man Flachknotenbänder überkreuzt und in einen Rahmen einbaut.

Wir hängen vier Doppelschnüre ein und knüpfen Bänder, zuerst zwei links (Abb. 44), dann zwei rechts. Die beiden rechten Bänder sollen überkreuzt werden (Abb. 45). Die Bänder brauchen natürlich irgendeinen Halt. Ihn schaffen wir in Gestalt einer Reihe Rippenknoten (Arbeitsablauf siehe S. 56 ff.). Wir beachten, daß die Bänder, die überkreuzt werden sollen, am besten etwas länger gearbeitet werden, damit sich nichts verzieht. Damit die Rippenknotenreihe gerade wird, halten wir sie mit einer Stecknadel in Form (Abb. 46). Die geraden und die überkreuzten Bänder sind nun durch Rippenknoten fest fixiert (Abb. 47).

Überkreuzte Flachknotenbänder wirken besonders hübsch, wenn jedes Band eine andere Farbe hat (siehe Abb. 48 und 49).

Abb. 44

Abb. 45

Abb. 46

Abb. 47

Abb. 48: Hübscher Gürtel aus ineinandergearbeiteten zweifarbigen Flachknotenbändern (hellblau und weiß). Um das Holz werden 8 hellblaue und 4 weiße Doppelschnüre geknüpft

Abb. 49: Anfang und Ende des Gürtels aus Abb. 48. Das Ende bilden drei schräge Rippenknotenreihen

Der Perl- oder Erbsknoten

Der Perlknoten entsteht aus einem Flachknotenband; deshalb beschreiben wir ihn und seine Entstehung an dieser Stelle.

Wir hängen zwei Schnüre ein und knüpfen zunächst einen Flachknoten (Abb. 50).

Wir schließen noch einen Flachknoten an. In einigem Abstand plazieren wir drei Flachknoten (Abb. 52).

Die beiden mittleren Fäden, die Leitfäden, werden hochgeschlagen und durch die Zwischenräume der beiden Schnurpaare geführt (Abb. 53). Jetzt ziehen wir fest an diesen beiden Fäden nach unten, und es bildet sich der Perlknoten (Abb. 54).

Der Perlknoten kann variiert werden, indem man die beiden Fäden beim Zurückschlagen in der Mitte zwischen den beiden Aufhängungen durchführt (siehe Abb. 55).

Es gibt ganz unterschiedliche Anwendungsbereiche für Perlknoten. Wir können sie als Einzelstück an markante Stellen setzen, sie aber auch flächendeckend anwenden (siehe Abb. 51). Sehr schön wirkt der Perlknoten, wenn er netzartig eingesetzt wird. Aus wie vielen Flachknoten man ihn herstellt, hängt von der Größe der Arbeit ab und von dem Standpunkt, von dem aus sie betrachtet und gesehen werden soll. Von fern wirken großflächige Knoten besser, aus der Nähe eher zierliche.

Abb. 50

Abb. 51: Eule mit Erbsknoten als Körper und Rippenknotenreihen

Abb. 52

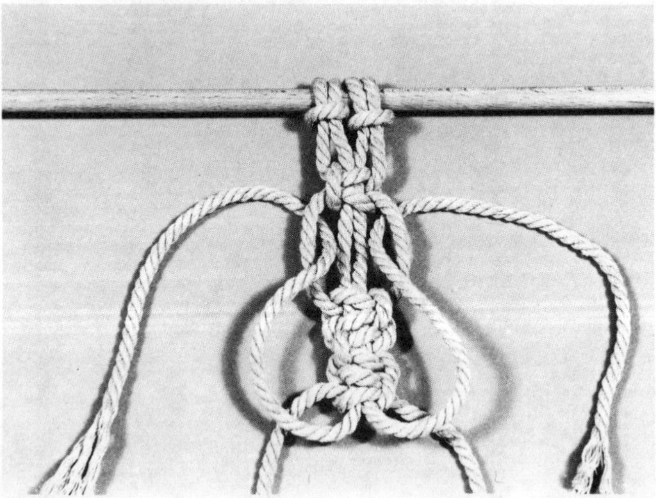

Abb. 53

Ein Makramee-Wandbild: Der Flachknoten wurde verwendet, daneben für die Blätter der Feigenknoten, für die Äste der Schlingenknoten

Abb. 54

Abb. 55

Bei dieser prächtigen Korbschaukel fanden Flachknoten, Wellenband, Rippenknoten und (oben) Josefinenknoten Anwendung

Abb. 56: Blumenampel mit dicken Erbsknoten

Netzflächen mit versetzten Flachknoten

Netzartige Flächen zu knüpfen, ob für Blumenampeln oder Einkaufsnetze, ist sicher eines der ergiebigsten (und nützlichsten) Arbeitsgebiete des Makramee. Diese Knüpferei ist »superleicht« und schnell zu arbeiten.

Wir hängen für unsere Übung vier Doppelschnüre ein und bilden ein linkes und ein rechtes Paar. Jedes Paar verknüpfen wir mit einem Flachknoten (Abb. 57). Dann verknüpfen wir die mittleren vier Schnüre mit einem Flachknoten (Abb. 59). Wir halten dabei immer den gleichen Abstand der Knoten voneinander ein. Jetzt werden wieder zwei Knoten links und rechts außen angelegt (Abb. 60). Diese beiden Knoten sind in Abb. 61 fertig. Der nächste Knoten sitzt wieder in der Mitte (Abb. 62).

Abb. 57

Abb. 58: Netztasche: Dazu werden pro Ring 24 x 3 m Garn benötigt. Gearbeitet wird von oben nach unten, rundherum. Nach der Einhängung folgen Flachknotenbänder, dann versetzte Flachknoten

Abb. 59

Abb. 60

Abb. 61

Abb. 62

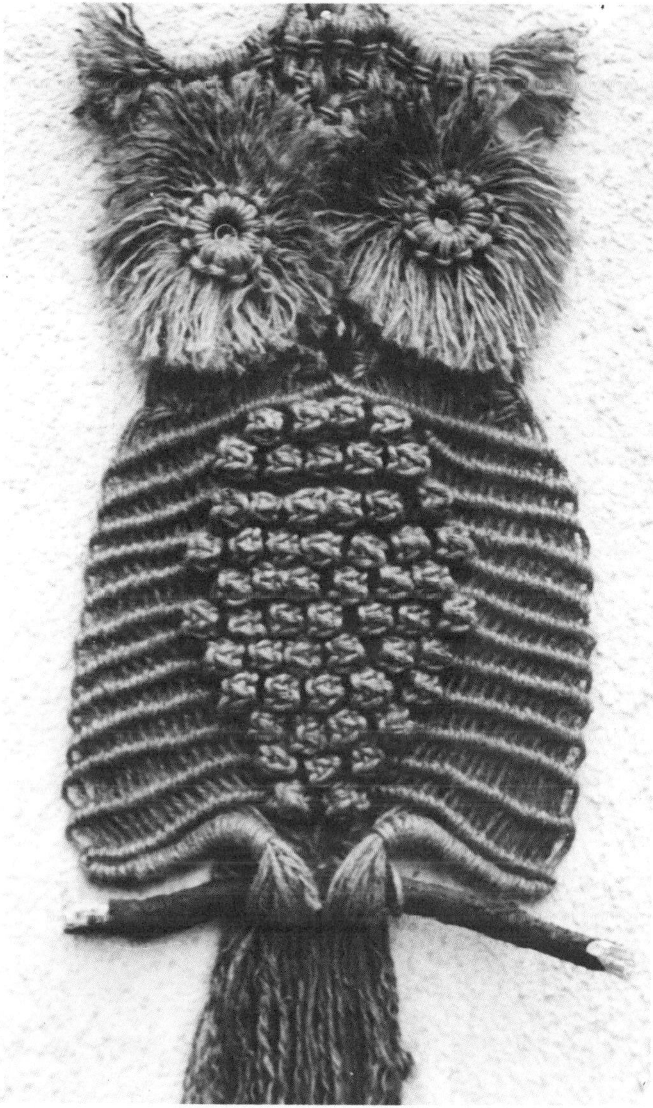

Abb. 63: Eine Variation des Themas »Eule«. Der Körper bekommt eine andere Wirkung als in Abb. 51 dadurch, daß die Rippenknotenreihen wesentlich weiter auseinandergesetzt sind

Der waagrechte Rippenknoten

Der Rippenknoten ist der Knoten, der formal am meisten erlaubt, und der, der am vielfältigsten eingesetzt werden kann. Er ermöglicht über geometrische Formen hinaus auch ein freies Arbeiten mit Rundungen und Schwüngen. Wir lernen zunächst seine zwei Grunderscheinungsformen kennen, den Rippenknoten, mit dem wir eine Reihe von rechts nach links knüpfen, und den Rippenknoten, mit dem wir eine Reihe von links nach rechts ausführen können. Nach den jeweiligen Grundknoten legen wir die entsprechenden Reihen an.

Grundknoten für die Reihe von links nach rechts

Wir hängen einen Doppelfaden ein. Einer der Fäden wird zum Leitfaden bestimmt, der andere zum Knüpffaden. Leitfaden ist der linke Faden, Knüpffaden der rechte. Der linke Faden (= Leitfaden) wird über den rechten (= Knüpffaden) gelegt (Abb. 64). Der Knüpffaden wird von vorn über den Leitfaden geschlungen und hinten zwischen Leit- und Knüpffaden durchgeführt (Abb. 65). Dieselbe Prozedur wird noch einmal wiederholt (Abb. 66). Wir schieben nun den ersten Knoten in die richtige Position (hier ca. 1 cm von der Einhängung entfernt), ziehen an und machen es mit

Abb. 64

Abb. 65

Abb. 66

dem zweiten Knoten ebenso. Insgesamt ziehen wir fest an: der erste Doppelknoten ist fertig (Abb. 67).

Grundknoten für die Reihe von rechts nach links
Wir hängen wieder einen Doppelfaden ein. Diesmal ist der rechte Faden der Leitfaden und wird über den linken Knüpffaden gelegt (Abb. 68).
Der (linke) Knüpffaden wird von vorn über den Leitfaden gelegt und zwischen Leit- und Knüpffaden durchgeführt (Abb. 70). Dasselbe wird noch einmal gemacht (Abb. 71). Wie beim ersten Grundknoten beschrieben, werden die beiden Knoten angezogen (Abb. 72). Der Übung halber knüpfen wir noch einen Knoten (Abb. 73).

Die Rippenknotenreihe

Die Rippenknotenreihe von links nach rechts
Um beide Knoten ausreichend zu beherrschen, knüpfen wir jetzt zuerst eine Reihe von links nach rechts, dann eine von rechts nach links.
Wir hängen vier Doppelfäden ein und biegen den äußersten linken Faden als Leitfaden ab (Abb. 74). Wir knüpfen die ersten Knotenschwünge, wie eben geübt, ziehen sie nacheinander fest an (Abb. 75). Damit alles gut erkennbar ist, haben wir die erste Reihe etwa 1 cm von der Einhängung entfernt angesetzt. Man kann sie natürlich auch dicht an die Einhängung anschließen. Ist die Reihe zu Ende geknüpft, prüfen wir, ob alle Knoten gut sitzen und die Fäden richtig straff laufen. Wenn wir die nächste Reihe zurück knüpfen wollen, legen wir uns den Leitfaden schon einmal zurecht (Abb. 76).

Die Rippenknotenreihe von rechts nach links
Wir lassen den Leitfaden etwas lockerer, denn so knüpft es sich besser, schlagen den Knüpffaden wieder von vorn um den Leitfaden und zwischen Leit- und Knüpffaden hindurch (Abb. 77). Wir ziehen am Schluß der Reihe jeweils die Fäden gut an (Abb. 78).
Auch bei Rippenknotenreihen können wir überprüfen, ob richtig geknüpft wurde. Dazu brauchen wir nur den Leitfaden etwas herauszuziehen (Abb. 80). Er muß sich leicht hin und her bewegen lassen. So können wir auch ganz einfach eine unschön gearbeitete Reihe wieder auflösen: Wir brauchen bloß den Leitfaden herauszuziehen, und schon ist die Reihe offen.

Mit etwas Abstand wirken Rippenknotenreihen plastischer. Will man Muster mit mehreren Reihen bilden, kann man sie zu Motivteilen zusammenrücken.

Abb. 67

Abb. 68

Abb. 69: Wandbehang. Im Zentrum dreifache Rippenknotenreihen im »Diamantmuster« und ein großer Flachknoten aus 4 Schnüren

Abb. 70

Abb. 71

Abb. 72

Abb. 73

Abb. 74

Abb. 75

Abb. 76

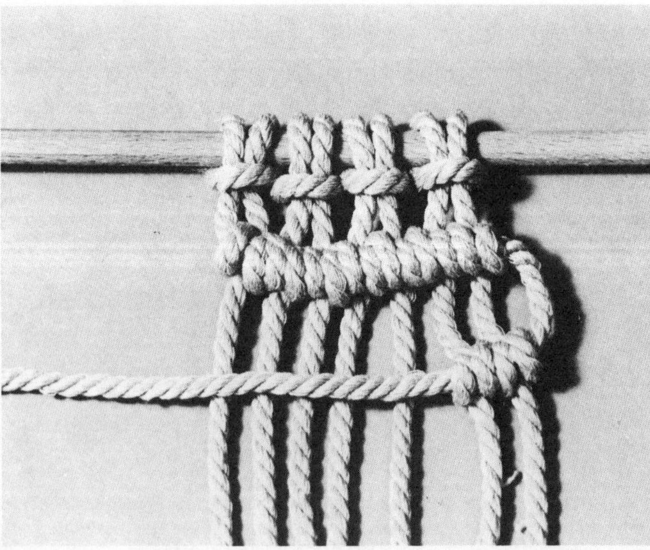

Abb. 77

Abb. 78

Abb. 79: Ein Fußabstreifer aus Rippenknotenreihen, geknüpft aus 24 Schnüren à 5 m

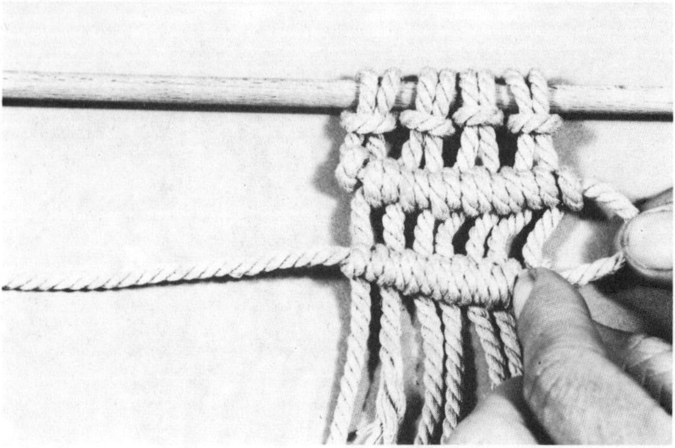

Abb. 80

Eine kleine Motivsammlung

Als kleinen »Augenschmaus« zwischendurch haben wir hier und auf den folgenden Seiten die verschiedensten Makrameearbeiten zusammengestellt. Die Bildunterschriften machen auf Besonderheiten und Zierknoten aufmerksam. Vor allem soll diese Sammlung dazu animieren, eigene Ideen zu entwickeln, angeregt durch Beispiele, wie wir wo welche Knoten und Zierknoten einsetzen können.

Abb. 81: Detail aus einer Tasche: Rippenknoten in Dreierreihen, in verschiedenen Farben geknüpft (»Diamantmuster«)

Abb. 82: Detail aus der Tasche von Abb. 83. Rippenknoten im Rautenmuster abwechselnd mit versetzten Flachknoten

Abb. 83: Kleine Tasche mit Bügeln aus mittelstarkem Acrylgarn. Pro Bügel benötigt man 30 Fäden à 2,20 m (bei starkem Garn 2,60 m)

Abb. 84: Abwechslungsreich gestalteter Wandbehang mit eingearbeiteten Perlen. Rippenknoten (Raute und waagrecht geknüpft), Wellen- und Flachknotenband, versetzte Flachknoten, im oberen Drittel links und rechts je ein Muschelknoten, unten Reihen mit Feigenknoten

Abb. 85: Einfache Eule aus sehr starkem Garn mit versetzten Flachknoten, Flachknotenbändern und Rippenknotenreihen

Abb. 86: Wandbehang mit einfacher Knüpfarbeit (Rippenknoten und Flachknoten). Die Wirkung beruht auf geschickt eingesetzter Zweifarbigkeit

Abb. 87: Sichtbar wird hier im Detail die Verarbeitung von Fäden bei rautenförmigen Doppelrippenknotenreihen (siehe auch Farbtafel gegenüber S. 96)

Abb. 88: Blickfang dieses Wandbehangs ist die Zusammenfassung der Fäden in der doppelten Raute mit einem Flachknoten

Abb. 89: Detail aus Abb. 90 mit versetzten Flachknoten und blattförmigen Rippenknotenreihen

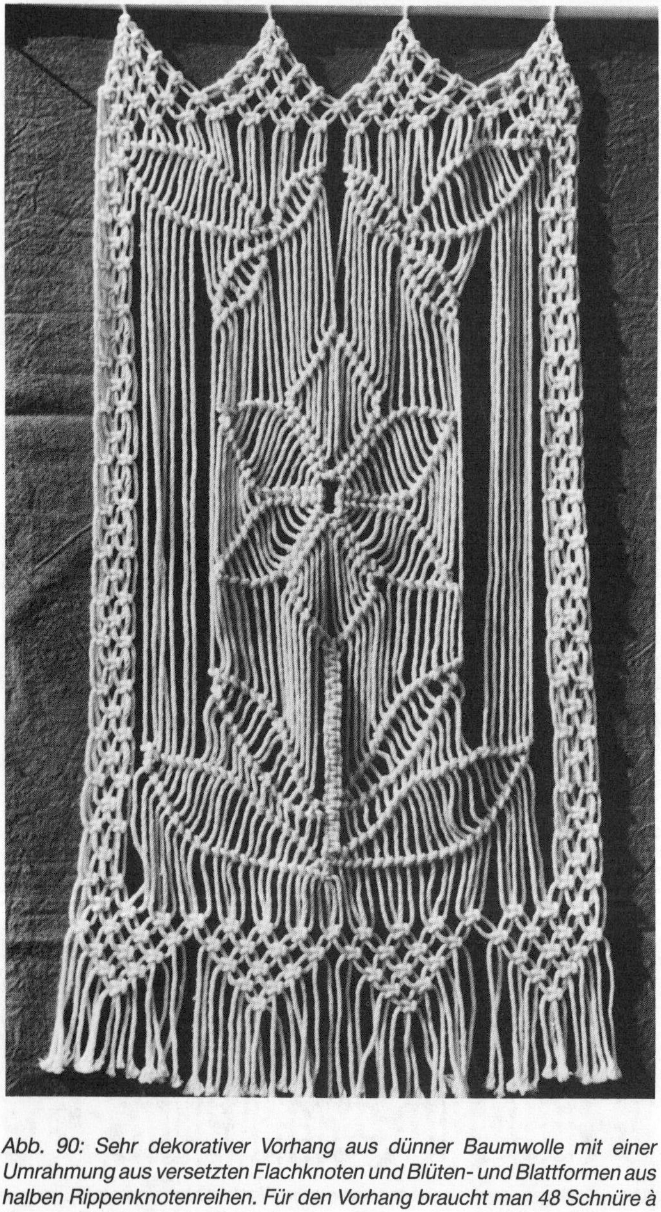

Abb. 90: Sehr dekorativer Vorhang aus dünner Baumwolle mit einer Umrahmung aus versetzten Flachknoten und Blüten- und Blattformen aus halben Rippenknotenreihen. Für den Vorhang braucht man 48 Schnüre à 2 m

Abb. 91: Weiteres Detail aus Abb. 90. Ein Flachknotenband bildet den Blumenstiel

Die Rippenknotenreihe überkreuzt

Der universell einsetzbare Rippenknoten kann natürlich auch in Reihen verarbeitet werden, die sich überkreuzen. Wie man das macht, zeigen wir jetzt. Wir hängen vier Doppelschnüre ein und knüpfen eine Reihe Rippenknoten quer, um eine feste Basis zu bekommen. Dann ordnen wir die beiden Fäden über Kreuz an, um zu sehen, wie die Diagonalen am besten wirken (Abb. 92). Wir legen dabei den rechten Faden über den linken.
Abb. 93: Von der linken Diagonale (= Leitfaden) knüpfen wir sechs Rippenknoten, dann kreuzt der rechte Leitfaden. Auf ihm knüpfen wir durch. Wir achten darauf, daß die Knüpffäden immer straff gespannt sind.
Abb. 94: Ist der rechte Leitfaden, der obere, umknüpft, knüpfen wir über den linken. Die Fäden, die sich im rechten und linken äußeren Dreieck befinden, können eine leichte Rundung zeigen.
Abb. 95: Damit das Rippenknotenkreuz auch von unten Halt bekommt, legen wir eine Rippenknotenreihe quer an. Wenn wir Rippenknoten quer oder diagonal knüpfen, beginnen wir mit dem Knüpffaden *unter* dem Leitfaden.
Ansonsten können wir mit dem Rippenknoten noch allerlei anfangen, zum Beispiel Ketten bilden. Dazu schlagen wir den Knüpffaden immer *über* den Leitfaden, und wir benutzen nur die erste Hälfte des Rippenknotens fortlaufend. Dabei ist natürlich darauf Rücksicht zu nehmen, daß der Knüpffaden sich doppelt so schnell verbraucht wie der Leitfaden.

Freie Formen mit Rippenknoten

Für unser Beispiel in Abb. 90 haben wir weißen Baumwollfaden benutzt. Versetzte Flachknoten bilden die Umrahmung. Die Hauptmotive sind aus halben Rippenknoten geknüpft.
Am besten knüpfen sich solche freien Formen auf einer Unterlage. Wir nehmen uns einen Leitfaden, dort, wo die Spitze des Blattes liegen soll, und befestigen ihn mit Nadeln in dem Schwung, den das Blatt (oder jede andere Form) bekommen soll. Dann beginnen wir mit dem Knüpfen und arbeiten etliche Rippenknoten von links nach rechts. Wir legen so viele Knoten an, daß sie die gewünschte Länge des Blattes vorgeben. Dann wenden wir den Leitfaden und knüpfen von rechts nach links. Dazu stecken wir uns den Leitfaden so, wie

Abb. 92

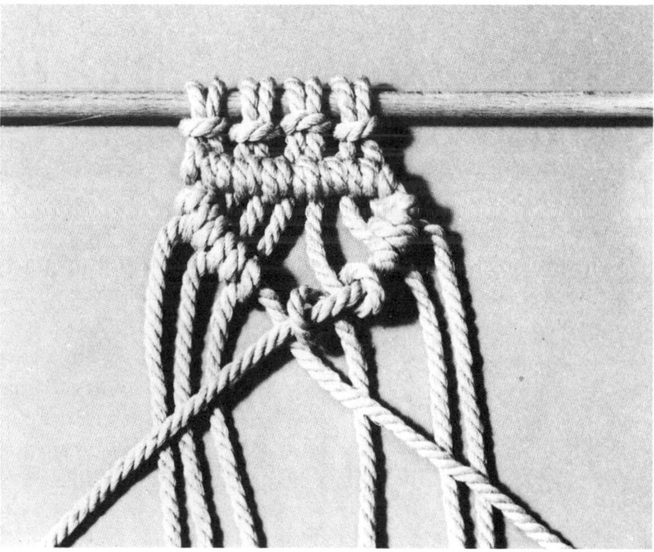

Abb. 93

Abb. 94

Abb. 95

Abb. 96: Ein zweifarbiger Gürtel mit senkrechten Rippenknoten beim Knüpfen

das Blatt insgesamt geformt sein soll. Wir knüpfen immer nur einen halben Rippenknoten.
Wir sehen jetzt, welchen Hauptvorzug die Rippenknoten mit sich bringen: Jeder Faden kann an jeder Stelle zum Leitfaden gemacht werden; und das eröffnet eine Vielzahl von abwechslungsreichen Mustern und Möglichkeiten.

Der senkrechte Rippenknoten

Zunächst knüpfen wir den senkrechten Rippenknoten von links nach rechts. Diesmal wird der Faden, der bei den Querrippen als Leitfaden diente, zum Knüpffaden.
Wir hängen unseren Übungsdoppelfaden ein, bilden mit dem linken (Knüpf-)Faden eine Schlinge und führen den Knüpffaden unter dem Leitfaden durch (Abb. 97). Wir schlagen den Knüpffaden über den Leitfaden und praktizieren ihn zwischen der ersten Schlinge und dem Leitfaden durch (Abb. 99). Jetzt legen wir den Knüpffaden wieder über den Leitfaden, führen ihn nach hinten und zwischen Leitfaden und Schlinge durch (Abb. 100). Wir ziehen fest an und haben den ersten senkrechten Rippenknoten geknüpft (Abb. 101).
Ein *Tip:* Den linken ersten Knüpfbogen mit einer Nadel fixieren; dann sind die Finger frei für die nächsten Schlingen.

Als zweites fertigen wir den senkrechten Rippenknoten von rechts nach links. Wir knüpfen also in entgegengesetzter Richtung. Knüpffaden ist der äußerste rechte Faden.
Wir legen den rechten (Knüpf-)Faden unter den linken (Leit-)Faden (Abb. 102) und führen ihn vorn über den Leitfaden, hinten zwischen Leitfaden und erster Schlinge durch (Abb. 103). Für den zweiten Knoten führen wir den Knüpffaden über den Leitfaden hintenherum und zwischen Leit- und Knüpffadenschlinge durch (Abb. 105). Wir ziehen fest an: Fertig ist der senkrechte Rippenknoten für eine Reihe von rechts nach links (Abb. 106).

Nach den ersten Übungen zum senkrechten Rippenknoten arbeiten wir je eine Reihe hin und eine zurück, um einmal zu sehen, wie dieser Knoten an einem fertigen Stück wirkt.
Abb. 107: Wir haben als Befestigung einer Überkreuzung eine Reihe Rippenknoten quer angelegt und schließen nun in einigem Abstand eine Reihe senkrechter Rippenknoten an. Den Leitfaden ziehen wir links etwas heraus; so können wir ihn besser handhaben.

Abb. 97

Abb. 98: Dreifarbiger Gürtel mit senkrechten und waagrechten Rippenknotenreihen

Abb. 99

Abb. 100

Abb. 101

Abb. 102

Ein großer Wandbehang, aus Wellenbändern, Rippenknoten und Flachknoten geknüpft. Man hängt 14 Schnüre à 4,50 m ein

Abb. 103

Abb. 104: Weiteres Detail aus dem Gürtel von Abb. 98

Abb. 105

Abb. 106

Abb. 107

Abb. 108: Die fertige Reihe mit senkrechten Rippenknoten. Sie werden bemerken, daß die Knüpffäden sich wieder sehr viel schneller verbrauchen als die Leitfäden. Wir könnten einen neuen Reihenanfang wie in Abb. 109 zum Beispiel dazu benutzen, einen neuen Faden einzuziehen. Wenn wir unsere Arbeit auf einem Schaumgummi- oder Weichholzbrett befestigt haben, ist das ganz einfach: Wir fixieren den neuen Faden mit einer Nadel, lassen ein Stückchen hängen und beginnen einfach, die neue Reihe senkrechter Rippenknoten damit zu knüpfen. Das Stückchen Faden, das wir hängen gelassen haben, verkleben wir oder vernähen es später auf der Rückseite der Arbeit. Vergleichen Sie zum Thema »Einführen neuer Fäden« auch die Abb. 152.

Eine schöne Variante des senkrechten Rippenknotens erhält man, wenn man über zwei Leitfäden statt über einem knüpft.

Diese Alternative wollen wir zum Schluß des Grundknotenlehrgangs noch genauer zeigen, weil dabei einiges zu beachten ist. Wir nehmen zum Beispiel vier Doppelfäden und hängen sie ein

(Abb. 110: Hier laufen die Fäden aus einer Reihe waagrechter Rippenknoten).

Der äußerste linke Faden wird zum Knüpffaden bestimmt. Mit ihm umknüpfen wir die nächsten zwei Fäden durch einen senkrechten Rippenknoten und wiederholen das bis zum letzten Paar. Ein Faden bleibt übrig. Wir wenden den Knüpffaden und umknüpfen für die nächste Reihe diesen übriggebliebenen Faden zusammen mit dem ersten Leitfaden aus dem letzten Rippenknoten. Das bedeutet, daß wir die senkrechten Rippenknoten in jeder Reihe versetzen (siehe Zeichnung).

Das Ergebnis ist ein locker aufgebautes »Geknüpf«, das wir noch variieren können, indem wir die Reihen enger zusammenarbeiten oder aber erweitern.

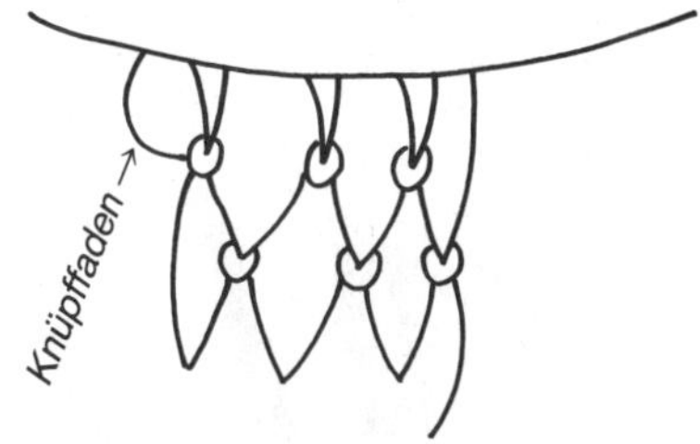

Abb. 108

Abb. 109

Abb. 110

Abb. 111: Vorhang mit einem Katzenmotiv aus dünner Baumwolle (Materialverbrauch wie für den Vorhang aus Abb. 90 angegeben)

Ein Zierknoten-Lehrgang

Wenn wir die bisher gelernten Knoten häufig anwenden, beherrschen wir sie in kurzer Zeit. Wie unsere Bildbeispiele zeigen, gibt es genügend Variationsmöglichkeiten, die es erst einmal voll auszuschöpfen gilt. Interessant wird ja Makramee erst, wenn man sich von Vorlagen und Mustern befreit und selbst anfängt, Ideen und Motive zu entwickeln. Eine große Hilfe ist dabei eine Knoten-Mustertafel. Auf ihr stellen wir alle Knoten und besonders gelungene Knotenkombinationen zusammen. So können wir immer mit plastischer Unterstützung nach neuen Kombinationen fahnden. Die Auswahl auf solch einer Tafel kann ergänzt werden durch eine Zierknotensammlung, die wir im folgenden Lehrgang vorstellen. Wir zeigen wieder in genauen Arbeitsabläufen, wie die bekanntesten Zierknoten entstehen. Damit erheben wir keinen Anspruch auf Vollständigkeit; jeder Makramee-Begeisterte wird selbst auf die Suche gehen und in Entwurfsmappen weitere Vorschläge finden.

Wir beginnen mit einem ganz einfachen Knoten, dem

Überhandknoten

Was das ist? Nun, ein simpler Knoten, den wir jeden Tag »üben«, wenn wir eine Schleife binden oder etwas verschnüren wollen. Wir können ihn in einer Makrameearbeit dazu benutzen, um eine zu lange Fadenlinie zu unterbrechen oder um aufgefädelte Perlen an Ort und Stelle zu halten. Der Überhandknoten läßt sich an einem Faden arbeiten; er faßt auch mehrere Fäden zusammen. Wenn wir etliche Überhandknoten hintereinandersetzen, ergeben sie eine schöne plastische Wirkung. Auch als End- oder Schlußknoten taugt der Überhandknoten und verhindert, daß sich die Fäden an der Schnittstelle aufspleißen.

Der Würfelknoten

Der Würfelknoten kann für sich allein stehen, besonders bei dickem oder mehrsträngig verwendetem Garn. Versetzt geknüpft wirkt er besonders apart.

Für unseren Übungsknoten hängen wir zwei Doppelschnüre ein und knüpfen einen Flachknoten. Das bedeutet, daß wir den Würfelknoten mit zwei Fäden knüpfen. Mit den beiden linken Fäden bilden wir eine Schlaufe, führen die Fäden über die beiden rechten, bilden wieder eine Schlaufe und führen das linke Fadenpaar unter dem rechten durch (Abb. 112).
Abb. 113: Jetzt das rechte Fadenpaar in einer Schlaufe unter dem linken durchführen, eine Schlaufe nach oben bilden und nochmals unter dem linken Fadenpaar durchziehen. Das rechte Fadenpaar weiter über die erste Schlinge des linken Fadenpaares führen (Abb. 114).
Abb. 115: Das rechte Fadenpaar über der links unten liegenden letzten Schlaufe des linken Fadenpaares anordnen, danach das linke Fadenpaar unter dieser Schlaufe durchführen.
Den Würfelknoten, der jetzt fertig geschlungen ist, zusammenziehen (Abb. 116). Dabei ziehen wir nicht einfach an jedem Strang

Abb. 112

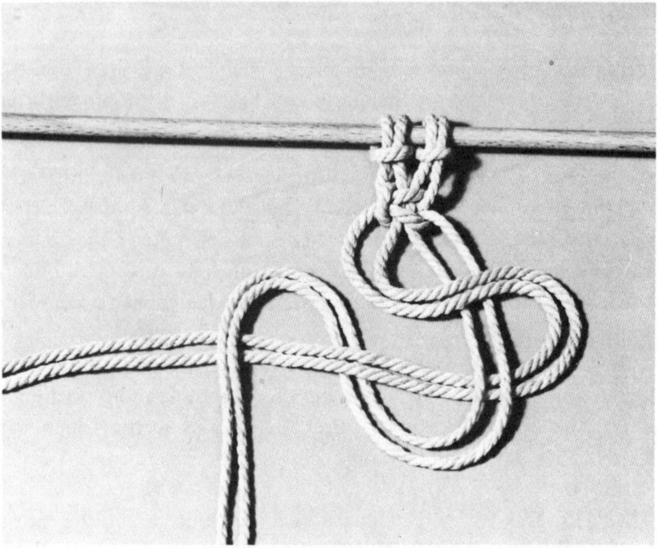

Abb. 113

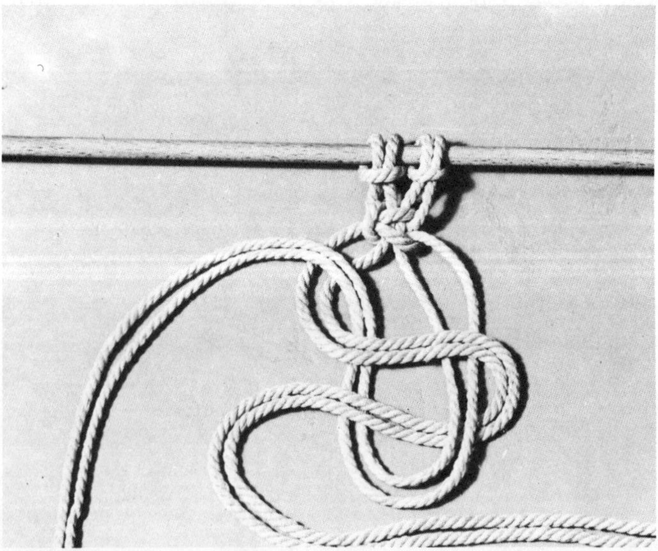

Abb. 114

Abb. 115

Abb. 116

extra, sondern behutsam an allen Fäden zugleich. Nur so verwirrt sich der Knoten nicht und erhält ein ebenmäßiges Aussehen. Besonders gut wirkt der Würfelknoten mit je zwei Fadenpaaren, wie wir es eben gezeigt haben. Man kann dabei auch kontrastierende Farben wählen; mit ihnen sieht die Verschlingung noch interessanter aus.

Eine Variante oder ein Zusatz zum Würfelknoten ist

Der Kronenknoten

Um den Kronenknoten zu erhalten, knüpfen wir zuerst einen Würfelknoten mit vier beweglichen Fäden (in unserem Fall Doppelfäden, siehe Abb. 117). Wir legen den rechten und den linken Faden jeweils über die nach oben und nach unten weisenden Fäden (Abb. 117). Dann biegen wir den nach oben weisenden Faden zur Schlaufe und legen ihn nach links über den rechten Faden. Der untere Faden wird ebenfalls abgebogen und über dem linken Faden plaziert (Abb. 118). Die Fäden folgen sich sozusagen in ihren Schlaufen.

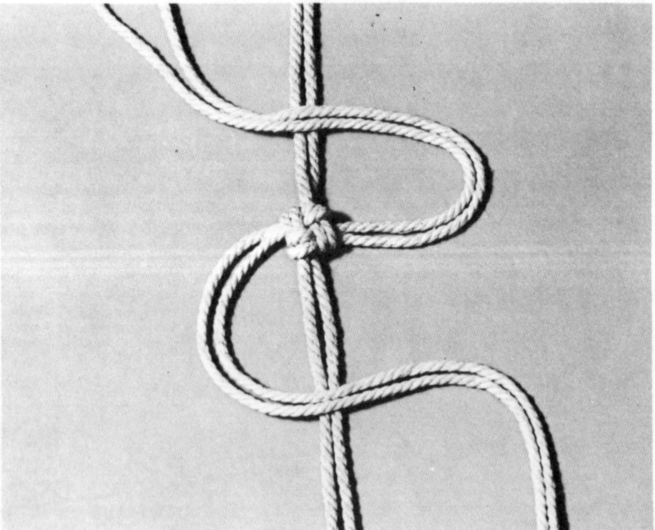

Abb. 117

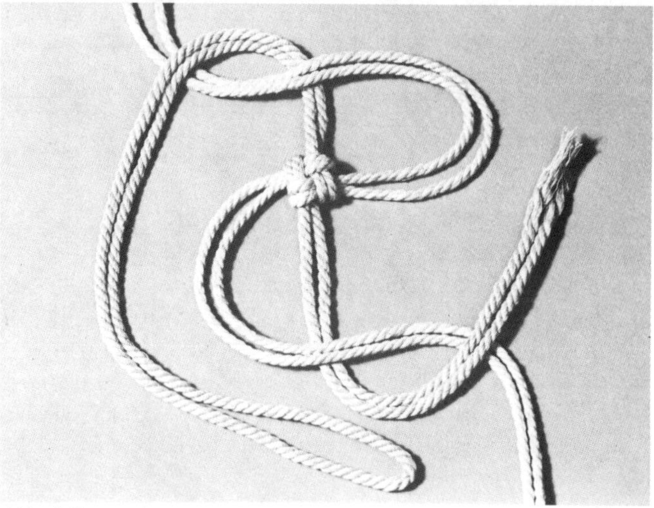

Abb. 118

Wir führen den oberen Faden weiter über die Schlaufe des linken Fadens und dann unter ihr durch. Den unteren Faden führen wir über die Schlaufe des rechten Fadens und dann unter ihr durch (Abb. 119).
Wieder besteht – wie immer am Schluß – die Kunst darin, den richtigen Zug zu entwickeln. Wir ziehen nacheinander alle Fäden gleichmäßig an. Man darf ja nicht vergessen, daß alle Fäden am Schluß wenigstens in etwa gleich lang sein sollen (Abb. 120).

Der Türkische Bund

Ein recht komplizierter, aber sehr schöner Knoten ist der Türkische Bund. So wird er geknüpft:
Wir bilden eine »Brezelschlaufe« (Abb. 121). Dann lassen wir den linken Faden über den rechten laufen, schlüpfen unter der rechten Schlaufe durch und über den unteren Schlaufenteil (Abb. 122). Jetzt knicken wir den Faden ab, führen ihn nach links über den nächsten Faden weg, unter dem folgenden durch, über die linke Schlaufe und fahren unter der dritten Schlaufe durch. Jetzt liegt das Fadenende, mit dem wir arbeiten, neben dem Fadenanfang (Abb. 123).
Von dieser Phase an ist alles ganz einfach. Denn nun folgen wir mit dem Endfaden dem vorhandenen Faden und begleiten seinen Weg (Abb. 124).

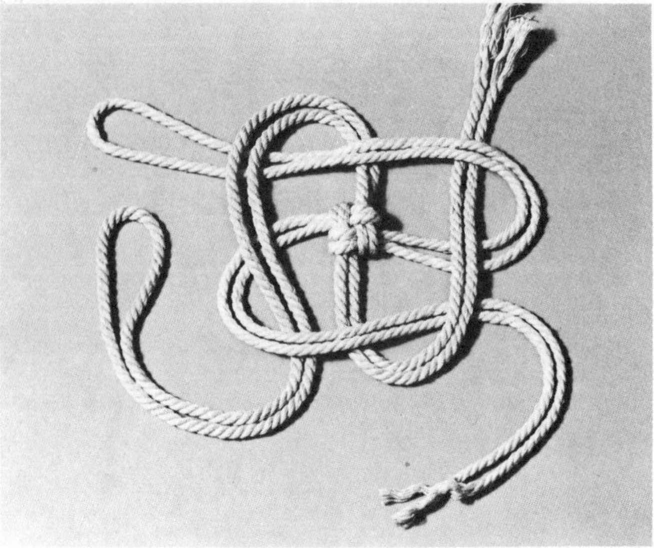

Abb. 119

Abb. 120

Abb. 121

Abb. 122

Abb. 123

Brauner Wandbehang links oben:
Ein Wandbehang zum Einüben für den Anfänger mit Rippen- und Flachknoten. Oben links und rechts außen sieht man sehr gut den Schlingenknoten.
Roter Wandbehang rechts oben:
Ein Wandbehang, der schon gute Makrameekenntnisse verlangt, mit Flach- und Rippenknoten, Wellenbändern und drei Zierknoten: Oben in der Mitte sitzt ein Josefinenknoten, darunter rechts und links ein Muschelknoten, in der Mitte darunter ein Feigenknoten.
Gürtel unten:
Drei Gürtel, geknüpft mit synthetischen Garnen

Silvia

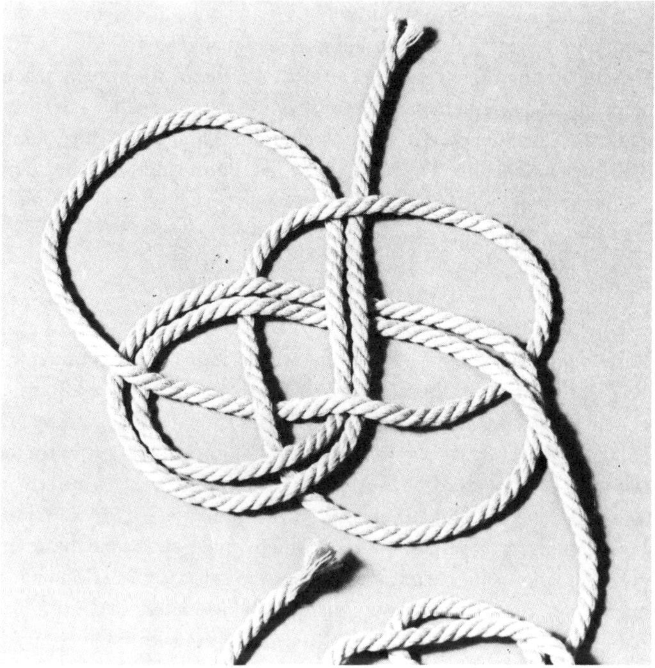

Abb. 124

Bär links oben:
Der Bär ist aus Flachknoten geknüpft, die Nase aus Rippenknoten.
Kissen rechts oben:
Über eine Grundfläche aus versetzten Flachknoten ist ein Kreis geknüpft, der sich aus Feigenknoten zusammensetzt.
Bäumchen links unten:
Ein Makramee-Weihnachtsbäumchen; die Anleitung dazu finden Sie auf Seite 20.
Püppchen rechts unten:
Noch eine liebenswerte Form der Resteverwertung. Wellenband und Flachknotenband wurden verknüpft

Wir erreichen fast den Endpunkt. Der Faden, mit dem wir die Schlaufen gelegt haben, ist beim Anfang angelangt (Abb. 125). Unsere Hauptaufgabe besteht jetzt darin, beim Zusammenziehen nicht die Knoten zu verwirren (das passiert schneller, als man glaubt!). Also ziehen wir abwechselnd am Anfang und am Schluß die offenen Schlaufen enger und arbeiten schön langsam dabei. Wir ziehen so lange zusammen, bis der Knoten richtig proportioniert sitzt und ausgewogen wirkt (Abb. 126).

Der Josefinenknoten

Einer der hübschesten Makrameeknoten ist der Josefinenknoten. Er verdient es, im Mittelpunkt einer Arbeit zu stehen, so im Beispiel der Abb. 127 in einen Wandbehang eingearbeitet. Wie in Abb. 127 ebenfalls zu sehen ist, wirkt der Josefinenknoten sehr gut, wenn er mit mehreren, auch recht dicken Fäden geknüpft wird. Wir können also die Zahl der Fäden beliebig erhöhen. Sicher haben Sie schon Fußabstreifer gesehen, die nur aus einem einzigen Josefinenknoten gefertigt sind, dann eben mit einem extrem starken Garn. Man kann auch eine feine Arbeit, zum Beispiel einen Gürtel oder ein Halsband, nur aus einer Reihe von Josefinenknoten knüpfen. Je nach gewünschter Wirkung läßt man den Josefinenknoten locker oder zieht ihn fest an. Sollten locker gelassene Knoten zum Auseinanderrutschen neigen, festigt man sie, indem man sie auf der Rückseite mit etwas Klebstoff zusammenhält.

Der Josefinenknoten sieht schwieriger aus, als er ist; man muß ihn nur genügend üben, damit man ihn »im Schlaf« kann. So wird er gemacht:

Wir hängen zwei Doppelfäden ein und bilden mit dem linken Fadenpaar die erste »Brezelschlaufe« (Abb. 128). Die Schlaufe rücken wir nach rechts unter das rechte Fadenpaar und bilden eine zweite Schlaufe, indem wir dann mit dem rechten Fadenpaar unter dem offenen Ende des linken durchschlüpfen (Abb. 129). Wir bilden mit dem rechten Fadenpaar einen Bogen und flechten abwechselnd über und unter den bereits gelegten Schnüren durch (Abb. 130).

Das war das ganze Geheimnis des Josefinenknotens. Wie beim Türkischen Bund ziehen wir gleichmäßig alle Schnüre an, bis der Knoten die richtigen Proportionen hat (Abb. 131).

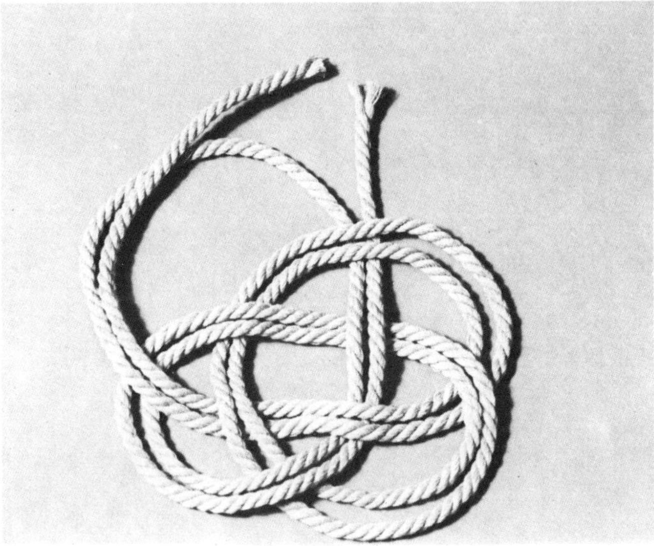

Abb. 125

Abb. 126

Abb. 127: Josefinenknoten, in eine Raute aus Rippenknoten eingearbeitet (siehe auch Farbtafel gegenüber S. 96)

Abb. 128

Abb. 129

Abb. 130

Abb. 131

Der Feigenknoten

Das ist ein aparter Flechtknoten, bei dem man die Fäden eng anziehen (siehe Abb. 138 und Farbtafel gegenüber Seite 97) oder locker lassen kann. Locker geflochten wirkt er plastischer (siehe Abb. 137).

Wir hängen zwei Fäden ein und machen einen Flachknoten. Mit je einem Flachknoten am Anfang und am Ende wird der Feigenknoten sozusagen »festgemacht«. Damit Arbeitsbeginn und -ende deutlich sichtbar werden, haben wir jeweils etwas Platz gelassen. Normalerweise knüpft man die Flachknoten nahe am Anfang und Ende des Feigenknotens.

Der äußerste linke Faden wird unter die beiden mittleren und über den rechten Faden geführt (Abb. 132). Der rechte Faden wird im Wechsel unter und über die gesamten Fäden geführt (Abb. 133). Jeweils der äußerste rechte und linke Faden werden halbrund gelegt. Der rechte Faden wird unter dem äußersten linken durchgeführt und wieder – wie beim ersten Mal – unter den beiden mittleren Fäden durch und über den (jetzt rechts liegenden) linken Faden geführt (Abb. 134). Der (rechts liegende) linke Faden wird wieder im Wechsel über und unter alle Fäden geführt, so daß sich dasselbe Bild ergibt wie beim ersten Durchgang (Abb. 135).

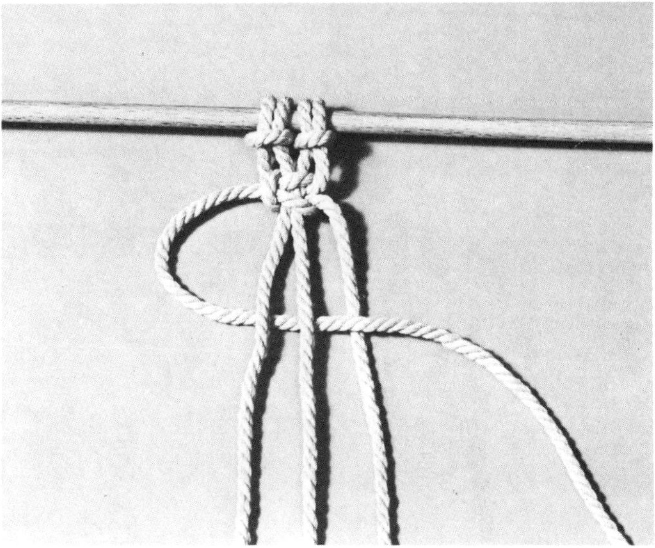

Abb. 132

Abb. 133

Abb. 134

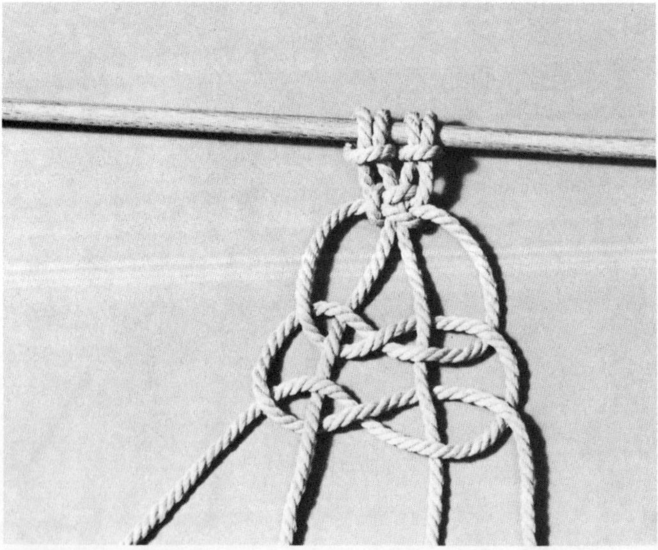

Abb. 135

Jetzt sehen wir schon die Andeutung der endgültigen Form des Feigenknotens. Wir können beginnen, die Fäden so eng zu ziehen, wie wir sie haben wollen (Abb. 136). Der Feigenknoten ist fertig. Er darf, je nach gewünschter Größe oder Stärke der Schnüre, in Länge und Breite variiert werden. An das Ende kommt ein Flachknoten (Abb. 137).

Der Muschelknoten

Der Muschelknoten wirkt wie eine Perle oder Beere. Er eignet sich gut für Halsbänder und sieht, mit relativ dünnem Garn gearbeitet und durch lockere Reihen mit Rippenknoten ergänzt, sehr gut aus.

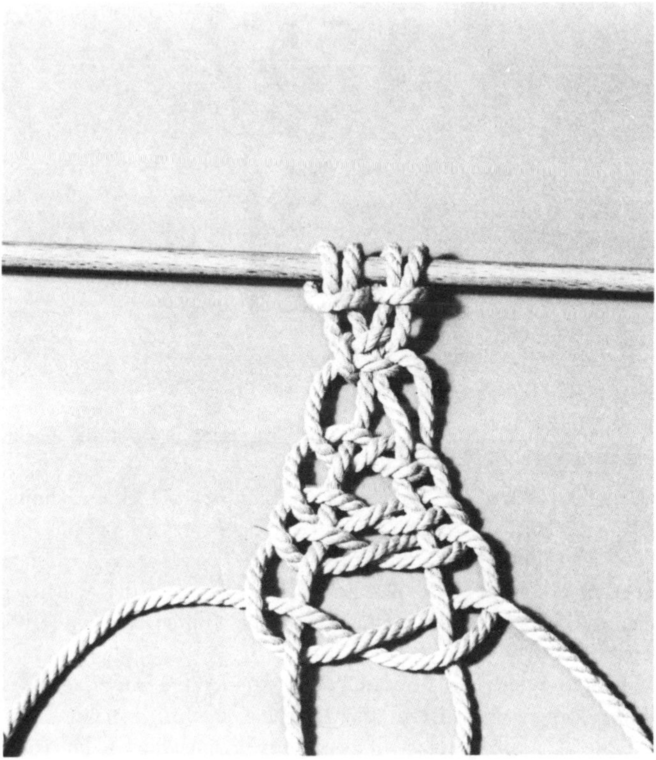

Abb. 136

Abb. 137

Wir hängen vier Doppelschnüre ein und fassen je zwei mit Flachknoten zusammen (Abb. 140).
Dann benutzen wir nacheinander alle Schnüre des rechten Schnurpaares als Leitfäden, die Schnüre des linken Paares als Knüpffäden.
Also: Der linke Faden des rechten Paares wird als erster Leitfaden benutzt, die vier Fäden des linken Paares werden nacheinander damit verknüpft. Das ergibt die erste Rippenknotenreihe von rechts nach links (Abb. 141).
Wir sind mittlerweile (Abb. 142) beim zweitletzten Knüpffaden des linken Fadenpaares angelangt und haben eine schräglaufende Rippe gebildet. Danach knüpfen wir mit dem zweiten Faden von links (aus dem rechten Fadenpaar) weiter.

Abb. 138: Weitere Details aus dem roten Wandbehang der Farbtafel gegenüber S. 96: Oben zwei Muschelknoten, in der Mitte darunter ein Feigenknoten

Abb. 139: Weiteres Detail aus dem Gürtel von Abb. 38. Hier von zwei Flachknotenbändern und Rippenknotenreihen eingerahmte Muschelknoten

Abb. 140

Abb. 141

Abb. 142

Schließlich liegt der letzte Leitfaden zum Knüpfen bereit. Drei Rippenknotenreihen zeigen bereits die Grundform des Muschelknotens (Abb. 143).
Auch die letzte Reihe ist umknüpft worden (Abb. 144).
Zuletzt wird an das Ende jeder Seite ein Flachknoten gesetzt. Das machen wir zuerst mit den vier linken Schnüren. Während wir den Flachknoten festziehen, schieben wir den ganzen Muschelknoten etwas hoch (Abb. 145).
Genauso verfahren wir mit den vier Schnüren auf der rechten Seite (Abb. 146).
Nachdem wir diesen Knoten geknüpft haben, sehen wir auch seinen größten Vorzug: Da die Leitfäden völlig unter den Rippenknoten verschwinden, können wir *unterschiedliche Farben* von einer Seite zur anderen bringen, sozusagen, ohne daß es sichtbar wird. Dieses Spiel können wir im Verlauf einer Arbeit mit jedem Muschelknoten wiederholen.
Sie sehen, worauf es dabei ankommt: Haben wir mehrere Farben, müssen wir von vornherein planen, wie wir sie verknüpfen wollen. Dies stellt schon einen Schritt zum kunstvollen Einsetzen der »Makrameesprache« dar.

Abb. 143

Abb. 144

Abb. 145

Abb. 146

Abb. 147: Weiteres Detail aus dem Wandbehang von Abb. 30: Ein Muschelknoten, eingerahmt von zwei Rippenknotenreihen

Abb. 148: Nochmals ein Detail aus dem Wandbehang von Abb. 30. Durch Vordrehen während des Knüpfens wird die Arbeit dreidimensional

Tips zur Verarbeitung

Gestaltung von Flächen

Das Innere einer Raute (oder anderer Flächenformen) können wir gestalten, indem wir die Fäden einfach einmal kreuz und einmal quer laufen lassen. Oder wir knüpfen einen schönen Knoten als Blickfang (siehe Abb. 127). Oder wir verflechten die Fäden, die von jeder Rippenknotenreihe kommen. Damit es flinker mit dem Flechten geht, bedienen wir uns einer Häkelnadel (Abb. 149). Wir geben

Abb. 149

acht, daß alle Fäden ordentlich liegen und straff verlaufen (Abb. 150).

Wer ein gutes Augenmaß besitzt, kann solche Flächen einfach füllen und abschätzen, wann die Proportionen stimmen. Wer sich das nicht zutraut, kann sich eine einfache *Meßvorrichtung* bauen (Abb. 151). Wir kaufen dazu entweder Maßpapier (Millimeterpapier gibt es in Schreibwarengeschäften), oder wir machen uns selbst eine Einteilung in der Größenordnung, in der wir sie brauchen. Wir befestigen die Einteilung auf einer Schaumgummiunterlage (oder der Unterlage, die wir sonst benutzen), klammern unsere Hängevorrichtung mit U-Klammern fest und können genau abstecken, wie groß unsere Raute werden soll.

Wie beginnen wir eine Arbeit?

Normalerweise beginnen wir eine Arbeit an einer *Aufhängevorrichtung*, einem Stab oder Ring oder auch an einem bizarr geformten Ast. An dieser Vorrichtung bleibt das fertige Werk dann auch

Abb. 150

Abb. 151

hängen. Wollen wir jedoch zum Beispiel einen Gürtel knüpfen, der keine Schnalle bekommen soll, müssen wir anders vorgehen. Dabei haben wir zwei Möglichkeiten: Entweder arbeiten wir von einem Ende aus – oder von der Mitte aus nach zwei Seiten.
Starten wir von einem Ende aus, so lassen wir einfach die Knüpffäden so lange hängen, wie wir sie haben wollen, und stecken sie auf einer Unterlage fest. Den äußersten linken Faden bestimmen wir zum Beispiel zum Leitfaden und umknüpfen ihn mit einer ersten Reihe Rippenknoten. Dann fahren wir im gewünschten Muster fort und knüpfen bis zum Ende, wobei die Enden der anderen Seite schließlich genauso lang sein müssen wie die Enden, die wir am Anfang hängen gelassen haben.
Arbeiten wir von der Mitte aus, benötigen wir ein spiegelbildliches Muster, das wir nach zwei Seiten knüpfen. Wir beginnen zum Beispiel mit einer Reihe Rippenknoten (oder auch waagrechte Flachknoten). Diese Reihe markiert die Mitte. Von ihr aus entwickeln wir die gleiche Musterung nach links wie nach rechts weiter. Diese Methode bietet sich sowohl bei Armbändern als auch bei Halsbändern an.

Wie führen wir neue Fäden ein?

Haben wir eine *Rippenknotenreihe*, so ist das Einführen von neuen Fäden problemlos. Wir fertigen eine Reihe bis ans Ende und fügen da den neuen Faden ein (Abb. 152). Dazu umknüpfen wir zunächst neuen und alten Faden mit Rippenknoten (der Leitfaden verschwindet darunter ja völlig) und nehmen dann nur noch den neuen Faden als Leitfaden.
Bei *Flachknoten* schieben wir den neuen Faden einfach zwischen die Leitfäden (Abb. 153, dunkler Faden). Dann knoten wir weiter die Flachknotenreihe darüber.

Was machen wir bei großen Arbeiten mit langen Fäden?

Die lang herabhängenden Fäden können wir verkürzen, indem wir daraus *Bündel* wickeln. Dazu lassen wir ein Stück vom Fadenende stehen und wickeln den Faden um zwei Finger. Das fertige Bündel wird in der Mitte mit einem Gummi oder Faden fixiert (Abb. 154). Vom Garn ziehen wir dann beim Arbeiten heraus, was wir brauchen.

Abb. 152

Abb. 153

Abb. 154

Wen diese dicken Bündel stören, der kann es auch anders anstellen: Wir knüpfen einen Rippenknoten, wie in Abb. 155 zu sehen ist. Mit Hilfe der dabei entstandenen Schlinge können wir den Faden verkürzen (siehe Abb. 156) und uns reservieren, was wir gerade verarbeiten wollen.

Was machen wir mit den Enden?

Wo es paßt, können wir Perlen einflechten und mit einem schlichten *Überhandknoten* festhalten. Die am wenigsten aufwendige und zugleich variabelste Methode ist der Überhandknoten allein (Abb. 157). Er kann einfach und mehrfach geschlungen werden (siehe Abb. 158).
Wollen wir mehrere Fäden in einem Ende zusammenfassen, so benutzen wir einen der Fäden, um die anderen in beliebig vielen Windungen zu umwickeln. Diesen Faden fädeln wir in eine dicke Nadel, ziehen ihn mit der Nadel von innen durch alle Windungen und praktizieren ihn vorsichtig unten wieder heraus. Sollte das verwendete Garn zu dick für jegliche Nadel sein, so umrunden wir ganz locker (gut festhalten, damit die Windungen nicht auseinanderrutschen) und schieben das Garnende ohne Nadel durch. Dann ziehen wir die Windungen mit dem Faden an.

Abb. 155

Abb. 156

Abb. 157

Abb. 158: Ein- und mehrfach geschlungene Überhandknoten

Wie färben wir Garne selbst?

Die Farbskala der verschiedenen Garnqualitäten hat sich zwar im Lauf der Zeit vergrößert. Aber gerade, wenn wir Gegenstände für den Wohnbereich selbst knüpfen wollen, fehlt es an manchen Zwischen- und Pastelltönen. Was wir beim Selbstfärben beachten müssen, was die Färbefarben bieten und was sie nicht bringen, dazu im folgenden einige Bemerkungen.

Die Farbtöne, die von den Skalen der Farbkarten leuchten, erhalten wir nur, wenn wir *weiße Garne aus Naturfasern* färben. Bei allen Garnen in Naturtönen (zum Beispiel naturfarbene Baumwolle oder die etwas bräunlich getönte Jute) bestimmt der Naturton die Färbung mit, denn alle Färbefarben *über*färben nicht, überdecken also beim Färben nicht den Grundton des jeweiligen Garnes oder Stoffes. Das bedeutet praktisch, daß wir bei Garnen in Naturtönen immer in Kauf nehmen müssen, daß die Farben leicht verdumpft wiedergegeben werden und daß wir helle Töne wie zum Beispiel Gelb nicht erzielen können. Wir färben also naturgetönte Garne beispielsweise in dunklen Rottönen, Brauntönen ein – so wirken sie am schönsten. Lediglich bei weißen Naturfasergarnen können wir die Farbskalen der Hersteller voll ausnutzen.

Die Packungen der Hersteller sind mit genauen Gebrauchsanweisungen ausgestattet, nach denen wir uns beim Färben auch richten sollten. Wir können 10-g-Beutel mit Färbepulver kaufen, die für ca. 250 g Garngewicht ausreichen. Mittlerweile gibt es auch die sogenannten Waschmaschinenfarben, mit denen wesentlich mehr Garngewicht gefärbt werden könnte. Ich habe es versucht, möchte aber davon abraten, da die *Trommelbewegung* der Waschmaschine für Garne doch zu stark ist. Man hat sehr viel Mühe, die Garne anschließend zu entwirren, auch wenn man sie zusammenbindet oder in ein Netz gibt (was wieder eine gleichmäßige Färbung beeinträchtigt).

Noch etwas ist vor dem Färben zu bedenken: Wir können den sogenannten »Vollton« färben, der auf Farbskala und Packungen angegeben ist. Wollen wir einen *Pastellton* erzeugen, sollten wir das Farbbad weniger konzentriert ansetzen und/oder weniger lang färben.

Streben wir einen ganz bestimmten Farbton an, so müssen wir auf jeden Fall vor dem Färben eine *Färbeprobe* machen. Dazu setzen wir das Farbbad an, schneiden ein Stück von unserem Garn ab und färben es, verfahren dabei genauso, wie wir es später beim »richtigen« Färben vorhaben, spülen und trocknen das Stückchen. Fällt der Farbton zu unserer Zufriedenheit aus, ist es gut – wo nicht, ändern wir Färbedauer und Konzentration des Farbbades.

Wie gehen wir beim Färben nun genau vor? Um eine Handfärbung zu machen, *bündeln* wir die Garne zunächst locker und befestigen sie oben und unten mit je einem Stückchen Schnur (nicht zu fest zubinden, da sonst die Färbefarbe diese Stelle nicht erreicht!). Wir wiegen die Garne vielleicht zu je 50 g ab. Dann legen wir uns einen Plastiklöffel bereit, richten uns ein entsprechend großes Gefäß zum Färben her (auch am besten aus Plastik, das keine Farbe annimmt) und setzen das Farbbad nach Vorschrift an. Ist das geschehen, lassen wir die Garnbündel vorsichtig in die Färbeflotte gleiten. Während der Färbezeit *bewegen* wir die Garne ab und zu mit dem Plastiklöffel (aber nicht umrühren, da sie sich sonst zu stark verwirren!), achten auch darauf, daß dort, wo die Bindefäden sitzen, genügend Farbe hinkommt.

Ist die Färbezeit um, werden die Garne in kaltem Wasser *gespült,* bis sie keine Überschußfarbe mehr abgeben. Wir hängen sie dann zum Trocknen auf. Falls das in der Wohnung geschieht, legen wir eine Plastikfolie (oder eine dicke Lage Zeitungspapier) unter die Stelle, an der die Garne hängen; denn beim Abtropfen fließt möglicherweise noch Farbe mit aus, die den Boden verfärben kann.

Ja, und dann sind wir gespannt, ob sich die Mühe gelohnt hat und das fertiggeknüpfte Stück wirklich so gut zur Wirkung kommt, wie wir uns das vorgestellt haben.

Bezugsquellen

Makrameegarne und Zubehör: in Bastelgeschäften (Adressen teilt auf Anfrage mit: Fa. Adolf Thiemann, Postfach 1046, 4440 Rheine); Millimeterpapier, Klebstoff: in Schreibwarengeschäften.

Register